俄罗斯

黑龙江省
Hēilóngjiāng Shěng

哈尔滨
Hā'ěrbīn

内蒙古自治区
Nèiménggǔ Zìzhìqū

长春
Chángchūn

吉林省
Jílín Shěng

北京市
Běijīng Shì

辽宁省
Liáoníng Shěng

⏹集安
Jí'ān

沈阳
Shěnyáng

┌浩特
┘háotè

大同
Dàtóng

石家庄
Shíjiāzhuāng

天津市
Tiānjīn Shì

大连
Dàlián

渤海

东京★
东京

朝鲜

河北省
Héběi Shěng

济南
Jǐnán

青岛
Qīngdǎo

韩国

太原
Tàiyuán

山西省
ānxī Shěng

山东省
Shāndōng Shěng

黄海

洛阳
Luòyáng

郑州
Zhèngzhōu

江苏省
Jiāngsū Shěng

河南省
Hénán Shěng

合肥
Héféi

扬州
Yángzhōu

苏州
Sūzhōu

湖北省
Húběi Shěng

武汉
Wǔhàn

安徽省
Ānhuī Shěng

南京
Nánjīng

上海市
Shànghǎi Shì

杭州
Hángzhōu

长沙
Chángshā

南昌
Nánchāng

浙江省
Zhèjiāng Shěng

东海

湘南省
nán Shěng

江西省
Jiāngxī Shěng

福建省
Fújiàn Shěng

福州
Fúzhōu

台北
Táiběi

广东省
Guǎngdōng Shěng

厦门
Xiàmén

台湾
Táiwān

广州
Guǎngzhōu

深圳
Shēnzhèn

澳门
Àomén

香港
Xiānggǎng

口
kǒu

南海

★	首都
●	省都
□	有名都市
⌒⌒	万里の長城

新訂二版

中国のひとり旅

入門で習ったことばでしゃべってみよう

陳　淑梅
張　国璐　著

駿河台出版社

音声について

本書の音声は、下記サイトより無料でダウンロード、
およびストリーミングでお聴きいただけます。

https://stream.e-surugadai.com/books/isbn978-4-411-03142-6/

＊ご注意
・PC からでも、iPhone や Android のスマートフォンからでも音声を再生いただけます。
・音声は何度でもダウンロード・再生いただくことができます。
・当音声ファイルのデータにかかる著作権・その他の権利は駿河台出版社に帰属します。
　無断での複製・公衆送信・転載は禁止されています。

装丁・本文デザイン・イラスト：小熊未央

まえがき

　このテキストは入門もしくは初級コース終了後の学生をターゲットに作られました。新しい知識を勉強しながら、入門初級で学んだ単語や文法文型を復習できるよう、既習の単語を意図的に多く取り入れています。また、中国の一人旅行をテーマとして会話練習を中心に授業展開できるよう工夫しました。

　2年前にこのテキストが発行されて以来、本書を使って授業を進める中で、テキストの使いやすさ、授業の進めやすさ、教育効果、そして学生からの意見などいろいろな角度から、改善点を記録してきました。このたび、改訂するチャンスに恵まれ、大幅にリニューアルすることができました。リニューアルした本書の構成は以下の通りになっています。（④⑤は新しくなりました）

① 「あいさつ」、「タクシーに乗る」、「ホテルでチェックイン」など中国旅行で必ず遭遇する場面を取り上げた本文、全12課。

② ポイント解説と練習をリンクした「ポイント＆ドリル」のページ。各課の学習ポイントは2つにしぼっています。各課3ページ目と4ページ目ではポイント解説とドリルをリンクした形式になっており、3ページ目の文法解説2項目をまとめて進めても可能ですが、即練習が必要な場合、文法解説を一つ完成した後、すぐ右の4ページ目のドリルを行うこともできるように構成しています。

例）

③ 新出単語、文法など本文の定着状況を確かめるためのチェックシート。

④ 語彙を増やすと同時に、ヒアリング力の向上を図る「役に立つことば＋9」。ヒアリング問題は検定試験によく出題される「音声を聞いて、正しい答えを選ぶ」形式を採用しました。

⑤ 本文の場面設定に合わせてよく使われるセンテンスを挙げた「レパートリーを増やそう」のページ。練習問題として「ロールプレー」のコーナーを設けました。プレーするAとBを想定して、Aのセリフのみ提示し、Bのセリフは学生が自主的に作り、自由会話できるようにアレンジしました。

⑥ 発音を復習するための「ピンインワンポイント強化メニュー」。中級に進み、疎かになりやすい発音の強化を工夫しました。

　授業の進め方としては、クラス編成や学生のレベル、授業体制などにもよりますが、1課につき、2コマを使用し、1回目は単語・文法・本文、2回目はドリルなどを行うようにすると効果的だと考えます。「中国のひとり旅」をシミュレーションしながら、楽しく勉強していきましょう！

著　者

※新訂二版にあたり、音声をダウンロードといたしました。

目次

	本文	ポイント	役に立つことば+9
第1課	你好 (はじめまして)	① 姓・名の言い方 ② "怎么" の2つの使い方	あいさつ関連
第2課	订房间 (チェックイン)	① "想" ＋「したいこと」 ② 時間の長さ・回数の言い方と語順	ビジネス関連
第3課	坐出租车 (タクシーに乗る)	① 月日、曜日と時刻の言い方 ② 様態補語	交通関連
第4課	换钱 (両替)	① "可以" ＋「したいこと」＋吗? ② 「ちょっと～する」の言い方	銀行関連
第5課	点菜 (注文)	① 買物する時に使われる "来" ② "了" のまとめ	食事関連
第6課	买东西 (ショッピング)	① "喜欢" ② 量詞の使い方	買物関連
第7課	讲价 (値切り)	① "太"＋形容詞＋"了"（あまりにも～すぎる） ② 可能補語	市場関連
第8課	问路 (道を尋ねる)	① 前置詞 "从"、"往" ② 疑問詞のまとめ	位置関連
第9課	快餐店 (ファーストフード店)	① 方向補語 ② "在" のまとめ	食べ物関連
第10課	买车票 (乗車券を買う)	① 結果補語 ② "有" のまとめ	乗り物関連
第11課	请求帮助 (頼みごと)	① 使役表現 "叫" ② "给" のまとめ	ホテル関連
第12課	丢东西 (落とし物)	① 助詞 "着" ② "是～的" 構文（～のだ）	デパート関連

 **発音編**

1 声 調

　中国語は声調言語と言われています。声調とは音の高さの種類を言います。中国語には4つの声調があるので、「四声」とも言います。

第一声「－」mā：普通の声の高さより高く平らなまま持続します。

第二声「／」má：声を急激に上昇させます。驚いたときの「えー！なんでー！？」の「えー」で。

第三声「∨」mǎ：声を低くおさえます。音節の終わりのほうで自然に上昇することがあります。

第四声「＼」mà：高いところから急激に下降します。「あー、そうかー、わかった！」と言うときの「あー」で。

妈
「お母さん」

麻
「麻」

马
「馬」

骂
「罵る」

　四声のほかに「軽声」というものがあります。これは、「māma（妈妈）」の「ma」のように、軽く短く発音されるもので、声調符号はつけません。

2 単母音

中国語の母音には、基本的に6つの音があります。

　a　[a]：日本語の「ア」よりも口を大きく開けて、ハッキリ発音します。

　i　[i]：日本語の「イ」よりも口を横にぐっと引いて、スルドク発音します。

　u　[u]：日本語の「ウ」よりも口笛を吹くときのように口を丸めて発音します。

　o　[o]：日本語の「オ」よりも唇を丸くなるようにして発音します。

e　[ɣ]：「オ」と言いながら、舌を動かさずに唇だけ横に引いてみます。

ü　[y]：「イ」と言いながら、舌を動かさずに唇だけ u のように丸めて発音します。
　　　　「u」の唇で「イ」と発音するわけです。

これらのほかに、舌を巻き上げて発音するそり舌母音があります。

er　[ɚ]：「ア」と言うやいなや、舌先をひょいっと巻き上げます。

i / u / ü が単独で音節となる場合は、それぞれ yi / wu / yu とつづります。

3　複母音

003

2つまたは3つの母音からなるものを複母音と言います。

(1) ＜型　口の開きが小さいものから大きいものへ。

ia	ie	ua	uo	üe

(2) ＞型　口の開きが大きいものから小さいものへ。

ai	ei	ao	ou

(3) ＜＞型　口の開きが小さい→大きい→小さいものへ。

iao	iou	uai	uei

(4) 鼻音 -n と -ng を伴う母音

an	en	ang	eng	ong
ian	in	iang	ing	iong
uan	uen	uang	ueng	
üan	ün			

ian は「イエン」と、üan は「ユエン」と発音する。

4　無気音と有気音

　中国語の声母（子音）には、「無気音」と「有気音」の区別があります。無気音とは、息（気）の音がしないもの、有気音とは息（気）の音が聞こえるものです。

　また、無気音・有気音の区別は、口から出てくる呼気の強さでもわかります。口の前に軽い紙で作った短冊をかざして発音してみます。無気音は、紙が揺れないのに対して、有気音は、紙が揺れるのを見て取ることができます。

　以下のピンインは、無気音・有気音の組み合わせになっています。

　　　b / p　　　　d / t　　　　g / k　　　　j / q　　　　zh / ch　　　z / c

5　子　音

中国語の子音は全部で 21 あります。

b　(o)：無気音です。「ポ」の音に近いですが、息の音がしないように。

p　(o)：有気音です。思いっきり息の音が出るように「ポー」と言ってみます。

m　(o)：日本語のマ行の子音に近いです。

f　(o)：上の歯を下の唇に乗せて、摩擦させながら発音します。英語の f に近いです。

d　(e)：無気音です。「ド」に近いですが、濁らないように。

t　(e)：有気音です。息の音が出るように「トー」と言ってみます。

n　(e)：日本語のナ行の子音に近いです。

l　(e)：舌の先を前歯の裏につけて発音してみます。

g　(e)：無気音です。「ゴ」に近いですが、濁らないように。

k　(e)：有気音です。息の音が出るように「コー」と言ってみます。

h　(e)：のどの奥を摩擦させながら息の音が出るように「ハー」と言ってみます。

j　(i)：無気音です。「ジ」に近い発音ですが、濁らないように。

q　(i)：有気音です。息の音が出るように「チー」と言ってみます。

x　(i)：日本語の「シ」と同じと思って結構です。

zh (i)：無気音です。舌をそり上げ、息の音がしないように、「ヂ」と言ってみます。

ch (i)：有気音です。舌をそり上げ、息の音が出るように、「チ」と言ってみます。

sh (i)：舌をそり上げ、「シ」と言ってみます。

r　(i)：shi の要領で、声帯を勢いよく震わせ、濁った「shi」のような音を出します。

z （i）：無気音です。息の音がしないように「ツー」と言ってみます。

c （i）：有気音です。思いっきり息の音が出るように「ツー」と言ってみます。

s （i）：口の端を横に引いて、「スー」と言ってみます。

　zh, ch, sh, r は「そり舌音」です。「そり舌音」とは、舌先をそり上げて発音するものです。舌先は、上の歯茎の裏のさらに上の、やや高くなった位置まで上げてください。

そり舌音の断面図

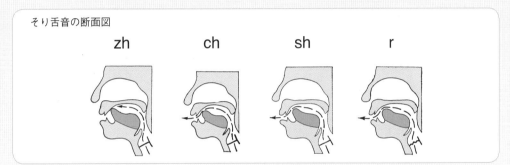

zh　　　ch　　　sh　　　r

6　声調変化　 006

(1) 第三声の連続：

第三声が連続するとき、前の音節の第三声は第二声に変わります。

　　　nǐ hǎo　⇒　ní hǎo（綴りは第三声のまま）

(2) "不" の声調変化：

"不" はうしろに来る音節の声調によって、声調が変化します。

不＋第四声：不 bù　⇒　不 bú

　　　bù shì　⇒　bú shì

(3) "一" の声調変化：

"一" ＋第一声／第二声／第三声：一 yī　⇒　一 yì

　　　yī jīn　⇒　yì jīn

"一" ＋第四声：一 yī　⇒　一 yí

　　　yī kuài　⇒　yí kuài

第1課 你好 （はじめまして）
Nǐ hǎo

🔊 007

1.	姓	xìng	姓を～という
2.	佐佐木	Zuǒzuǒmù	佐々木
3.	贵姓	guìxìng	お名前は？＝苗字は？
4.	常	Cháng	常（中国人の苗字）
5.	叫	jiào	（名前を含め）～という
6.	常青	Cháng Qīng	常青（中国人の名前）
7.	汉字	Hànzì	漢字
8.	怎么	zěnme	どうやって
9.	写	xiě	書く
10.	经常	jīngcháng	いつも、常に
11.	青春	qīngchūn	青春
12.	阳子	Yángzǐ	陽子
13.	太阳	tàiyáng	太陽
14.	孔子	Kǒngzǐ	孔子（人名）
15.	认识	rènshi	知り合う
16.	高兴	gāoxìng	うれしい

本文

🔊 008

佐佐木：你　好。
　　　　Nǐ　hǎo.

常青：你　好。你　是　日本人　吗？
　　　Nǐ　hǎo.　Nǐ　shì　Rìběnrén　ma?

佐佐木：对，我　姓　佐佐木。您　贵姓？
　　　　Duì,　wǒ　xìng　Zuǒzuǒmù.　Nín　guìxìng?

常青：我　姓　常，叫　常　青。
　　　Wǒ　xìng　Cháng,　jiào　Cháng　Qīng.

佐佐木：汉字　怎么　写？
　　　　Hànzì　zěnme　xiě?

常青：经常　的　"常"，青春　的　"青"。
　　　Jīngcháng　de　"cháng",　qīngchūn　de　"qīng".

佐佐木：我　叫　阳子，太阳　的　"阳"，孔子　的　"子"
　　　　Wǒ　jiào　Yángzǐ,　tàiyáng　de　"yáng",　Kǒngzǐ　de　"zǐ".

常青：认识　你　很　高兴。
　　　Rènshi　nǐ　hěn　gāoxìng.

ポイント

1 姓・名の言い方

1) 姓の言い方

您贵姓?
Nín guìxìng?

我姓小泉。
Wǒ xìng Xiǎoquán.

　"姓"は「名字は～と言う」という意味。"姓"の後ろは「名字」が置かれます。

2) 名前の言い方

你叫什么名字?
Nǐ jiào shénme míngzi?

我叫小泉太郎。
Wǒ jiào Xiǎoquán Tàiláng.

　"叫"は「名前は～と言う」という意味。"叫"の後ろは名前かフルネームが置かれます。

　☞ 我姓小泉，叫小泉太郎。
　　　Wǒ xìng Xiǎoquán, jiào Xiǎoquán Tàiláng.

2 "怎么"の2つの使い方

1) どうやって、どのように

①去东京站怎么走?
Qù Dōngjīng zhàn zěnme zǒu?

②「こんにちは」用汉语怎么说?
「こんにちは」yòng Hànyǔ zěnme shuō?

2) どうして（いぶかりの気持ちを表します）

①你怎么不吃饭?
Nǐ zěnme bù chīfàn?

②他怎么没来?
Tā zěnme méi lái?

　☞ 怎么了?　　　Zěnme le?　　　（どうしましたか。）
　　　怎么办?　　　Zěnme bàn?　　　（どうすればいいのですか。）
　　　怎么回事?　　Zěnme huíshì?　　（どういうことですか。何事ですか。）

ドリル

DRILL 1

1) 次の質問に答えてみよう。(答えを簡体字とピンインの両方で書くこと)

①您贵姓?

簡体字　:＿＿＿＿＿＿＿＿＿＿＿＿＿＿＿＿＿

ピンイン:＿＿＿＿＿＿＿＿＿＿＿＿＿＿＿＿＿

②你叫什么名字?

簡体字　:＿＿＿＿＿＿＿＿＿＿＿＿＿＿＿＿＿

ピンイン:＿＿＿＿＿＿＿＿＿＿＿＿＿＿＿＿＿

2) (　　　) 内を埋めて、自己紹介文を完成しよう。

我姓 (　　　　　　　　), 叫 (　　　　　　　　)。

我 (　　　　　　　) 日本人。

认识你们, 我 (　　　　　　　) 高兴。

DRILL 2

1) 次のことばを並べ替えてみよう。

①大学までどうやって行けばいいですか。

去 / 走 / 大学 / 怎么

＿＿＿＿＿＿＿＿＿＿＿＿＿＿＿＿＿＿＿＿＿＿＿

②あなたはどうしてまだ寝ないのですか。

还 / 你 / 睡觉 / 不 / 怎么

＿＿＿＿＿＿＿＿＿＿＿＿＿＿＿＿＿＿＿＿＿＿＿

2) 次の日本語を中国語に訳してみよう。

①彼女の名前は中国語でどう言えばいいですか。

＿＿＿＿＿＿＿＿＿＿＿＿＿＿＿＿＿＿＿＿＿＿＿

②今日はどうしてこんなに暑いのでしょう。

＿＿＿＿＿＿＿＿＿＿＿＿＿＿＿＿＿＿＿＿＿＿＿

チェックシート

☐ duì　　　　　_____

☐ Hànzì　　　_____

☐ jīngcháng　_____

☐ tàiyáng　　　_____

☐ 你好　_____

☐ 叫　　_____

☐ 认识　_____

☐ 高兴　_____

☐ 您贵 (　　　)?
（お名前は。＝あなたの苗字は何ですか。）

☐ 他 (　　　) 什么名字?
（彼の名前は何ですか。＝彼のフルネームは何ですか。）

☐ 汉字 (　　　) 写?
（漢字はどう書けばいいですか。）

☐ 今天 (　　　) 这么忙?
（今日はどうしてこんなに忙しいのだろう！）

009

1 初次见面 chūcì jiànmiàn	**2** 好久不见 hǎo jiǔ bú jiàn	**3** 谢谢 / 不客气 xièxie / bú kèqi
4 对不起 / 没关系 duìbuqǐ / méi guānxi	**5** 请问 qǐngwèn	**6** 您好 nín hǎo
7 老师 lǎoshī	**8** 大学生 dàxuéshēng	**9** 公司职员 gōngsī zhíyuán

①はじめまして ②お久しぶりです ③どうもありがとうございます / どういたしまして ④ごめんなさい / かまいません ⑤ちょっとお尋ねしますが ⑥こんにちは ⑦先生 ⑧大学生 ⑨会社員

010

音声を聞いて、正しい回答をABCの中から選んでみよう。

1) 我现在是：

　　A 老师　　B 公司职员　　C 大学生

2) 我和佐佐木阳子是：

　　A 初次见面　　B 好久不见　　C 没关系

レパートリーを増やそう

A 「あいさつ」に役立つ表現

1. 初次见面请多关照。　　　　　　　　　　　　🔊 **011**
Chūcì jiànmiàn qǐng duō guānzhào.

2. 请你自我介绍一下。
Qǐng nǐ zìwǒ jièshào yíxià.

3. 我来自我介绍一下。
Wǒ lái zìwǒ jièshào yíxià.

4. 欢迎你来中国。
Huānyíng nǐ lái Zhōngguó.

5. 我姓山本。"山"是富士山的"山"，"本"是日本的"本"。
Wǒ xìng Shānběn. "Shān" shì Fùshìshān de "shān", "běn" shì Rìběn de "běn".

①はじめまして、どうぞよろしくお願いします。②自己紹介してください。③自己紹介させていただきます。④ようこそ中国においでになりました。⑤山本と言います。「山」は富士山の「山」、「本」は日本の「本」です。

B Aの表現を参考にしながら、ロールプレーで次の会話を楽しんでみよう。
（Bの部分を自分で完成してみよう）

A. 你好！

B. ＿＿＿＿＿＿＿＿＿＿＿＿＿＿＿＿＿

A. 请你自我介绍一下。

B. ＿＿＿＿＿＿＿＿＿＿＿＿＿＿＿＿＿

A. 欢迎你来中国。

B. ＿＿＿＿＿＿＿＿＿＿＿＿＿＿＿＿＿

ピンイン ワンポイント強化メニュー

そり舌音： **zh　ch　sh　r**

　「そり舌音」とは、舌先をそり上げて発音するものです。舌先は、上の歯茎の裏の、やや高くなった位置まで上げてください。発音する際、舌の表と裏の両方に空間をつくっておきましょう。

練習してみよう

1) 要領に基づいて発音してみよう。

中国人	日本人	认识	老师
Zhōngguórén	Rìběnrén	rènshi	lǎoshī

2) 音声を聞いて、発音されたものに○をつけてみよう。　🔊012

　① rì　lì　　② zhǐ　jǐ　　③ shì　xì　　④ qī　chī

3) 音声を聞いてピンインを書き取ってみよう。　🔊013

　①_____　②_____

　③_____　④_____

4) 本文から「zh　ch　sh　r」がつく音節を見つけ、上手に読んでみよう。

第2課

订房间 (チェックイン)
Dìng fángjiān

🔊 014

新出語句

1. **订** dìng　　予約する
2. **房间** fángjiān　　部屋
3. **单人** dānrén　　シングル
4. **住** zhù　　住む、泊まる、泊める
5. **几天** jǐ tiān　　何日
6. **证件** zhèngjiàn　　身分証明書
7. **请** qǐng　　どうぞ～してください
8. **收好** shōuhǎo　　しまっておく

18

本文

🔊 015

佐佐木：你 好。 我 想 订 一 个 房间。
　　　　Nǐ　hǎo.　Wǒ　xiǎng　dìng　yí　ge　fángjiān.

服务员：您 想 要 什么样 的 房间？
　　　　Nín　xiǎng　yào　shénmeyàng　de　fángjiān?

佐佐木：我 要 一 个 单人 房间。
　　　　Wǒ　yào　yí　ge　dānrén　fángjiān.

服务员：您 住 几 天？
　　　　Nín　zhù　jǐ　tiān?

佐佐木：我 住 两 天。
　　　　Wǒ　zhù　liǎng　tiān.

服务员：您 有 什么 证件？
　　　　Nín　yǒu　shénme　zhèngjiàn?

佐佐木：这 是 我 的 护照。
　　　　Zhè　shì　wǒ　de　hùzhào.

服务员：谢谢。 请 您 收好。
　　　　Xièxie.　Qǐng　nín　shōuhǎo.

ポイント

 POINT 1 "想" + 「したいこと」

"想" は助動詞。「〜したい／〜しようと思う」という意味を表します。

①她想去美国留学。

    Tā xiǎng qù Měiguó liúxué.

②我不想吃酸奶。

    Wǒ bù xiǎng chī suānnǎi.

③你想不想练太极拳?

    Nǐ xiǎng bu xiǎng liàn Tàijíquán?

 POINT 2 時間の長さ・回数の言い方と語順

時間の長さ・回数を表す言い方の例

中国語	日本語	中国語	日本語
十分钟 shí fēnzhōng	十分間	一个星期 yí ge xīngqī	一週間
两个小时 liǎng ge xiǎoshí	二時間	一个月 yí ge yuè	一か月
一个半小时 yí ge bàn xiǎoshí	一時間半	一年 yì nián	一年間
三天 sān tiān	三日間	两次 liǎngcì	2回

時間の長さと回数を表す言葉は通常動詞の後ろに置きます。また、動詞に目的語を持つ場合は動詞と目的語の間に置きます。

①我住一个星期。

    Wǒ zhù yí ge xīngqī.

②我昨天看了两个半小时电视。

    Wǒ zuótiān kànle liǎng ge bàn xiǎoshí diànshì.

③他每天换四次车。

    Tā měitiān huàn sì cì chē.

④你去过几次中国?

    Nǐ qù guo jǐ cì Zhōngguó?

DRILL 1

次の日本語を中国語に訳してみよう。

①私は買物に行きたいです。

_____

②あなたは何を食べたいのですか。

_____

③私はアルバイトをしたくありません。（アルバイトをする：打工 dǎgōng）

_____

DRILL 2

1) 次に挙げたことばを正しい位置に入れて日本語に訳してみよう。

①四个月　　我在中国（　A　）工作了（　B　）。

　　　訳：_____

②几个星期　你想（　A　）去（　B　）?

　　　訳：_____

2) 次の日本語を中国語に訳してみよう。

①私は2時間音楽を聴きます。

_____

②私は2泊したいと思います。

_____

チェックシート

1 ☑ 簡体字チェック

- ☐ dìng _____
- ☐ fángjiān _____
- ☐ dānrén _____
- ☐ zhèngjiàn _____

2 ☑ 単語の意味チェック

- ☐ 订 _____
- ☐ 单人 _____
- ☐ 几天 _____
- ☐ 收好 _____

3 ☑ 文法ポイントチェック

- ☐ 我（　　　　）订一个房间。
  （私は部屋を一つお願いしたいのですが。）

- ☐ 我住（　　　　）。
  （私は二日間泊まります。）

22

役にたつことば ＋9 ナイン

🔊 016

1 机场巴士 jīchǎng bāshì	**2** 电梯 diàntī	**3** 旁边儿 pángbianr
4 贵重物品 guìzhòng wùpǐn	**5** 出租车 chūzūchē	**6** 洗手间 xǐshǒujiān
7 饭店 fàndiàn	**8** 入住／退房 rùzhù／tuì fáng	**9** 上网 shàngwǎng

①空港リムジンバス ②エレベーター ③そば・横 ④貴重品 ⑤タクシー ⑥お手洗い・トイレ
⑦ホテル ⑧チェックイン／チェックアウト ⑨インターネットを接続する

🔊 017

😊 音声を聞いて、正しい回答を**ABC**の中から選んでみよう。

1) 佐佐木怎么去的饭店?

　　A 坐飞机　　**B** 坐机场巴士　　**C** 坐出租

2) 佐佐木的房间在哪儿?

　　A 商店旁边儿　　**B** 电梯旁边儿　　**C** 洗手间旁边儿

レパートリーを増やそう

1. 房间里有Wi-Fi吗？　　　　　　　　　　　🔊 **018**
Fángjiānli yǒu　　　ma?

2. 密码是多少？
Mìmǎ shì duōshao?

3. 请问，中餐厅在几楼？
Qǐngwèn, zhōngcāntīng zài jǐ lóu?

4. 请明天早上五点三刻叫我。
Qǐng míngtiān zǎoshang wǔ diǎn sān kè jiào wǒ.

5. 请您先交100块钱押金。
Qǐng nín xiān jiāo yì bǎi kuàiqián yājīn.

①部屋にWi-Fiがありますか。②パスワードは？③すみません、中華レストランは何階ですか。④明日、朝5：45にモーニングコールをお願いします。⑤まず100元の保証金を払ってください。

Ⓑ Aの表現を参考にしながら、ロールプレーで次の会話を楽しんでみよう。
（Bの部分を自分で完成してみよう）

A. 您想要什么样的房间？

B. ＿＿＿＿＿＿＿＿＿＿＿＿＿＿

A. 对不起，单人房间已经没有了。

B. ＿＿＿＿＿＿＿＿＿＿＿＿＿＿

A. 有。请您先交100块钱押金。

B. ＿＿＿＿＿＿＿＿＿＿＿＿＿＿

ピンイン ワンポイント強化メニュー

「f」の発音のコツ

「f」は上の歯と下の唇ですき間を作って発音します。英語の「f」と同じように。日本語の「フー」にならないように。

練習してみよう

1) 要領に基づいて発音してみよう。

房间	父母	访问	飞机
fángjiān	fùmǔ	fǎngwèn	fēijī

2) 音声を聞いて、発音されたものに○をつけてみよう。 🔊 019

① fēi　hēi　　② fù　hù　　③ hā　fā　　④ hēng　fēng

3) 音声を聞いてピンインを書き取ってみよう。 🔊 020

① _____　② _____

③ _____　④ _____

4) 本文から「f」がつく音節を見つけ、上手に読んでみよう。

第3課

坐出租车 （タクシーに乗る）
Zuò chūzūchē

新出語句

🔊 021

1.	坐 zuò	乗る
2.	出租车 chūzūchē	タクシー
3.	去 qù	行く
4.	北京机场 Běijīng Jīchǎng	北京空港
5.	接人 jiē rén	人を迎える
6.	朋友 péngyou	友人、友達
7.	飞机 fēijī	飛行機
8.	几点 jǐ diǎn	何時
9.	到 dào	到着する、着く
10.	师傅 shīfu	～さん（運転手・ホテルの従業員・商店の店員などに対する呼称）
11.	来得及 láidejí	間に合う
12.	富富有余 fù fù yǒu yú	余裕たっぷり
13.	美女 měinǚ	美女（若い女性に対する呼称・呼びかけ）
14.	汉语 Hànyǔ	中国語
15.	真的 zhēnde	本当に
16.	夸奖 kuājiǎng	ほめる

 本文

🔊 022

司机：您 去 哪儿？
　　　Nín qù nǎr?

佐佐木：我 去 北京 机场。
　　　　Wǒ qù Běijīng Jīchǎng.

司机：好 的。您 去 接 人 吗？
　　　Hǎo de. Nín qù jiē rén ma?

佐佐木：对，去 接 朋友。
　　　　Duì, qù jiē péngyou.

司机：飞机 几 点 到？
　　　Fēijī jǐ diǎn dào?

佐佐木：两 点 半 到。师傅，来得及 吗？
　　　　Liǎng diǎn bàn dào. Shīfu, láidejí ma?

司机：富 富 有 余。美女，您 汉语 说得
　　　Fù fù yǒu yú. Měinǚ, nín Hànyǔ shuōde
　　　真 好。
　　　zhēn hǎo.

佐佐木：真的？谢谢 你 的 夸奖！
　　　　Zhēnde? Xièxie nǐ de kuājiǎng!

ポイント

POINT 1 月日、曜日と時刻の言い方

中国語	日本語	中国語	日本語
两点 liǎng diǎn	2：00	十二月 shí'èr yuè	12月
五点半 wǔ diǎn bàn	5：30	三十一号 sānshiyī hào	31日
七点一刻 qī diǎn yí kè	7：15	星期六 xīngqīliù	土曜日
十一点三刻 shíyī diǎn sān kè	11：45	一九八四年 yī jiǔ bā sì nián	1984年

年月日や時刻を表す言葉は動詞の前に置きます。

①我每天早上7点吃早饭。

Wǒ měitiān zǎoshang qī diǎn chī zǎofàn.

②他星期六和星期天不打工。

Tā xīngqīliù hé xīngqītiān bù dǎgōng.

POINT 2 様態補語

動作行為の様子はどうかという表現は「様態補語」と言います。様態補語になる語は主に形容詞。

主語+動詞+"得"+様態補語（形容詞フレーズ）

動詞が目的語を持つ場合

主語+動詞+目的語+同じ動詞+得+様態補語

否定文

主語+動詞+"得"+不+様態補語（形容詞フレーズ）

①你唱得真好。

Nǐ chàngde zhēn hǎo.

②老师说得不快。

Lǎoshī shuōde bú kuài.

③她包饺子包得很好看。

Tā bāo jiǎozi bāode hěn hǎokàn.

ドリル

DRILL 1

次に挙げたことばを正しい位置に入れて日本語に訳してみよう。

①6点半　　明天早上（　A　）集合（　B　）。

訳：＿＿＿＿＿＿＿＿＿＿＿＿＿＿＿＿＿＿＿

②几月几号　你（　A　）去中国（　B　）?

訳：＿＿＿＿＿＿＿＿＿＿＿＿＿＿＿＿＿＿＿

DRILL 2

1) 次のことばを並べ替えてみよう。

①彼はピアノを弾くのがとても上手です。

他 / 钢琴 / 弹 / 弹 / 好 / 得 / 很

＿＿＿＿＿＿＿＿＿＿＿＿＿＿＿＿＿＿＿＿＿＿＿＿

②僕は寝るのがとても遅いです。

很 / 睡 / 我 / 得 / 晚

＿＿＿＿＿＿＿＿＿＿＿＿＿＿＿＿＿＿＿＿＿＿＿＿

2) 次の日本語を中国語に訳してみよう。

①彼は英語を話すのがとても上手です。

＿＿＿＿＿＿＿＿＿＿＿＿＿＿＿＿＿＿＿＿＿＿＿＿

②田中さんは運転（をするの）はどうですか。

＿＿＿＿＿＿＿＿＿＿＿＿＿＿＿＿＿＿＿＿＿＿＿＿

チェックシート

☐ Péngyou   _____

☐ fēijī   _____

☐ Hànyǔ   _____

☐ kuājiǎng   _____

2 ☑ 単語の意味チェック

☐ 朋友   _____

☐ 来得及   _____

☐ 富富有余   _____

☐ 几点   _____

3 ☑ 文法ポイントチェック

☐ 二時半に到着します。

中国語訳：_____

☐ あなたは中国語を話すのが本当にお上手ですね。

中国語訳：_____

🔊 023

1 红绿灯 hónglǜdēng	**2** 十字路口 shízì lùkǒu	**3** 游乐场 yóulèchǎng
4 地铁站 dìtiězhàn	**5** 动物园 dòngwùyuán	**6** 东方商厦 Dōngfāng Shāngshà
7 美术馆 měishùguǎn	**8** 北京站 Běijīngzhàn	**9** 地图 dìtú

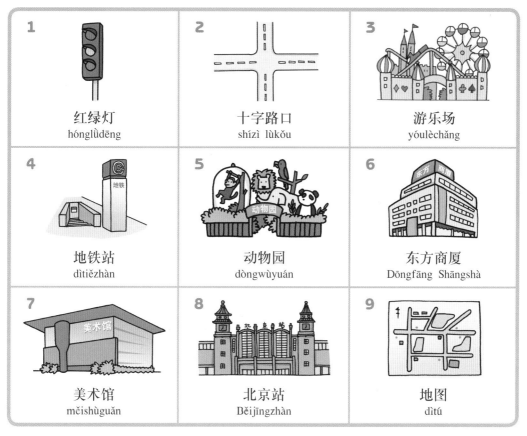

①交通信号灯　②十字路　③遊園地　④地下鉄の駅　⑤動物園　⑥東方ショッピングセンター
⑦美術館　⑧北京駅　⑨地図

🔊 024

😊 音声を聞いて、正しい回答をABCの中から選んでみよう。

1) 我和佐佐木去哪儿买东西了?

A 北京饭店　　**B** 红绿灯　　**C** 东方商厦

2) 晚上我们去做什么了?

A 去吃饭了　　**B** 去游乐场了　　**C** 去美术馆了

レパートリーを増やそう

「タクシーに乗る」時に役立つ表現

1. 请到这个地方去。 🔊 **025**
Qǐng dào zhèige dìfang qù.

2. 我要下车。
Wǒ yào xià chē.

3. 车费大概多少钱?
Chēfèi dàgài duōshao qián?

4. 请在前面停一下。
Qǐng zài qiánmian tíng yíxià.

5. 不客气，您慢走。
Bú kèqi , nín màn zǒu.

①ここへ行ってください。②降りたいのですが。③運賃はだいたいいくらですか。④そこにちょっと止めてください。⑤どういたしまして。お気をつけてください。

B Aの表現を参考にしながら、ロールプレーで次の会話を楽しんでみよう。
（Bの部分を自分で完成してみよう）

A. 请到这个地方去。

B. _____

A. 师傅，二十分钟能到吗?

B. 没问题。_____

A. 谢谢您的夸奖。

B. _____

ピンイン ワンポイント強化メニュー

軽声の発音要領

軽声

「軽声」は他の音節の後ろに付き、軽く短く発音されるものです。
実際の音の高さは前の音節によって変わります。

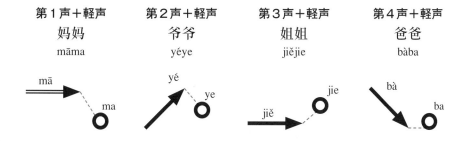

第1声＋軽声	第2声＋軽声	第3声＋軽声	第4声＋軽声
妈妈	爷爷	姐姐	爸爸
māma	yéye	jiějie	bàba

練習してみよう

1) 要領に基づいて発音してみよう。

哥哥	爷爷	奶奶	弟弟
gēge	yéye	nǎinai	dìdi

2) 音声を聞いて、声調をつけてみよう。　🔊 026

　① wu ge　　② san ge　　③ yi ge　　④ si ge

3) 音声を聞いてピンインを書き取ってみよう。　🔊 027

　① _____　② _____

　③ _____　④ _____

4) 本文から「軽声」がつく音節を見つけ、上手に読んでみよう。

第4課 换钱（両替）

Huàn qián

新出語句　028

1. 这儿　zhèr　ここ
2. 可以　kěyǐ　～できる、～してよい
3. 换钱　huàn qián　両替
4. 换　huàn　両替する、変える
5. 日元　Rìyuán　日本円
6. 汇率　huìlǜ　為替相場、為替レート
7. 多少　duōshao　いくら、どのくらい
8. 块　kuài　元
9. 人民币　Rénmínbì　人民元
10. 一下　yíxià　ちょっと
11. 护照　hùzhào　パスポート
12. 好的　hǎo de　わかりました、かしこまりました
13. 一共　yígòng　全部で、あわせて
14. 点　diǎn　確認する

34

本文

029

佐佐木： 这儿 可以 换 钱 吗?
Zhèr kěyǐ huàn qián ma?

服务员： 可以。 您 换 日元 吗?
Kěyǐ. Nín huàn Rìyuán ma?

佐佐木： 对。 今天 的 汇率 是 多少?
Duì. Jīntiān de huìlǜ shì duōshao?

服务员： 一 万 日元 换 六 百 八十 块 人民币。
Yí wàn Rìyuán huàn liù bǎi bāshí kuài Rénmínbì.

您 换 多少?
Nín huàn duōshao?

佐佐木： 我 换 五 万 日元。
Wǒ huàn wǔ wàn Rìyuán.

服务员： 对不起， 看 一下 您 的 护照。
Duìbuqǐ, kàn yíxià nín de hùzhào.

佐佐木： 好 的。
Hǎo de.

服务员： 一共 三 千 四 百 块。 您 点 一下。
Yígòng sān qiān sì bǎi kuài. Nín diǎn yíxià.

ポイント

 POINT 1 "可以" ＋「したいこと」＋吗?

"可以"は助動詞。「〜できる」、「〜してもいい」という意味を表します。

①可以再要一杯咖啡吗?

　Kěyǐ zài yào yì bēi kāfēi ma?

②这儿可以参观吗?

　Zhèr kěyǐ cānguān ma?

③这儿不能参观。

　Zhèr bù néng cānguān.

（「〜できない」と言う場合は通常「不能」を使う）

 POINT 2 「ちょっと〜する」の言い方

1) 動詞＋"一下"

①请等一下。

　Qǐng děng yíxià.

②我试一下，行吗?

　Wǒ shì yíxià, xíng ma?

2) 動詞の重ね型

①来，请尝尝中国茶。

　Lái, qǐng chángchang Zhōngguó chá.

②我去问问。

　Wǒ qù wènwen.

③您好好儿休息休息吧。

　Nín hǎohaor xiūxixiuxi ba.

ドリル

次のことばを並べ替えてみよう。

①入って見てもいいですか。

进去 / 吗 / 可以 / 看看

_____

②ここは野球をしてもいいですか。

可以 / 这儿 / 棒球 / 吗 / 打

_____

1) 次のことばを並べ替えてみよう。

①ちょっと休んでもいいですか。

一下 / 休息 / 行 / 吗 / 我

_____

②ちょっと待って下さい。私が見てきます。

看 / 我 / 看 / 去 / 一下 / 请 / 等

_____

2) 次の日本語を中国語に訳してみよう。

①ちょっと航空券（机票 jīpiào）を拝見させてください。

_____

②どうぞちょっと準備してください。

_____

 チェックシート

1 ☑ 簡体字チェック

- [ ] zhèr   _____
- [ ] huàn qián _____
- [ ] huìlǜ   _____
- [ ] hùzhào   _____

2 ☑ 単語の意味チェック

- [ ] 换钱   _____
- [ ] 日元   _____
- [ ] 汇率   _____
- [ ] 点   _____

3 ☑ 文法ポイントチェック

- [ ] 这儿（　　　）换钱吗?
  （ここで両替できますか。）

- [ ] 对不起，看（　　　）您的护照。
  （すみません、パスポートをちょっと拝見させていただきます。）

役にたつ ことば ＋9 プラス ナイン

🔊030

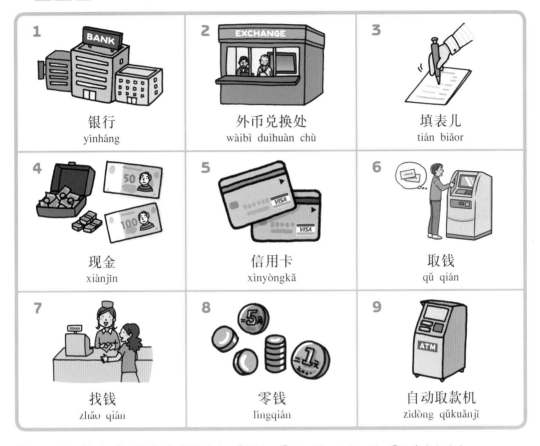

1 銀行 yínháng	2 外币兑换处 wàibì duìhuàn chù	3 填表儿 tián biǎor
4 现金 xiànjīn	5 信用卡 xìnyòngkǎ	6 取钱 qǔ qián
7 找钱 zhǎo qián	8 零钱 língqián	9 自动取款机 zìdòng qǔkuǎnjī

①銀行 ②両替所 ③（書類に）記入する ④現金 ⑤クレジットカード ⑥お金をおろす
⑦つり銭を出す ⑧小銭 ⑨ATM

🔊031

😊 音声を聞いて、正しい回答を**ABC**の中から選んでみよう。

1) 商店能用什么?

　　A 信用卡　　**B** 现金　　**C** 零钱

2) 我去银行做什么?

　　A 买词典　　**B** 买书　　**C** 取钱

レパートリーを増やそう

1. 请问，在哪儿换钱？ 🔊 032
　Qǐngwèn, zài nǎr huàn qián?

2. 请填一下表儿。
　Qǐng tián yíxià biǎor.

3. 剩下的人民币还能换成日元吗？
　Shèngxia de Rénmínbì hái néng huànchéng Rìyuán ma?

4. 我们这里可以兑换美元、日元、欧元、英镑、卢布。
　Wǒmen zhèli kěyǐ duìhuàn Měiyuán、Rìyuán、Ōuyuán、Yīngbàng、Lúbù.

5. 请把这个保存好。
　Qǐng bǎ zhèige bǎocún hǎo.

①すみません、どこで両替できますか。②両替申込書のご記入をお願いします。③余った人民元を日本円に両替できますか。④ここではドル、日本円、ユーロ、ポンド、ルーブルの両替ができます。⑤この書類を大事に保管してください。

B Aの表現を参考にしながら、ロールプレーで次の会話を楽しんでみよう。
（Bの部分を自分で完成してみよう）

A. 这儿可以兑换什么钱？

B. _____

A. 我换10万日元。

B. _____

A. 剩下的人民币还能换成日元吗？

B. 对不起，_____

中国〇〇银行

ピンイン ワンポイント強化メニュー

「h」の発音のコツ

「h」はのどの奥を摩擦させながらイキの音が出るように「ハー」と発音しましょう。「hu」の場合は上下の唇を接触しないように注意しましょう。

練習してみよう

1) 要領に基づいて発音してみよう。

换钱	汇率	护照	说话
huàn qián	huìlù	hùzhào	shuōhuà

2) 音声を聞いて、発音されたものに○をつけてみよう。 🔊 033

① huā　fā　　② hēi　fēi　　③ huò　kuò　　④ fù　hù

3) 音声を聞いてピンインを書き取ってみよう。 🔊 034

① _____　② _____

③ _____　④ _____

4) 本文から「h」がつく音節を見つけ、上手に読んでみよう。

第5課 点菜（注文）
Diǎncài

1. **点菜** diǎncài 注文、注文する
2. **欢迎光临** huānyíng guānglín いらっしゃいませ
3. **菜单** càidān メニュー
4. **来** lái よこす、ください
5. **碗** wǎn （どんぶりや茶碗の）〜杯
6. **米饭** mǐfàn ご飯、ライス
7. **凉的** liáng de つめたい方、つめたいもの
8. **热的** rè de 熱い方、熱いもの
9. **别的** biéde ほかの、ほかのもの
10. **结账** jiézhàng 勘定する

本文

🔊 036

服务员：欢迎 光临。 这 是 菜单。
Huānyíng guānglín. Zhè shì càidān.

佐佐木：来 一 个 麻婆 豆腐 和 一 碗 米饭。
Lái yí ge mápó dòufu hé yì wǎn mǐfàn.

服务员：喝 什么 饮料？
Hē shénme yǐnliào?

佐佐木：有 没有 乌龙茶？
Yǒu méiyǒu wūlóngchá?

服务员：有。 要 凉 的 还是 要 热 的？
Yǒu. Yào liáng de háishi yào rè de?

佐佐木：要 凉 的。
Yào liáng de.

服务员：好 的。 还 要 别的 吗？
Hǎo de. Hái yào biéde ma?

佐佐木：不 要 了。
Bú yào le.

· · · · · · · · · · · ·

服务员， 请 结账。
Fúwùyuán, qǐng jiézhàng.

ポイント

 買物する時に使われる "来"

"来"＋数詞＋量詞＋名詞

　この場合の "来" は「よこす」、「持ってくる」という意味で、買い物や料理などを注文する時に使われます。数量詞が必須。

①先来两个冰淇淋。

　　Xiān lái liǎng ge bīngqílín.

②来一杯咖啡和一个汉堡包。

　　Lái yì bēi kāfēi hé yí ge hànbǎobāo.

 "了" のまとめ

1) 動詞の直後の "了"

　　動詞の直後に置かれる "了" は動作行為の完了や実現を表します。
　　目的語の前に数量詞などの付加成分が必要です。否定文は "没" を用います。

主語＋動詞＋"了"＋(付加成分) 目的語

①昨天我喝了两瓶啤酒。

　　Zuótiān wǒ hē le liǎng píng píjiǔ.

②昨天我没喝啤酒。

　　Zuótiān wǒ méi hē píjiǔ.

2) 文末に置かれる "了"

　　文末に置かれる "了" は「状況の変化と新実態の発生」を表します。「～になった」という意味です。

形容詞／名詞／動詞＋"了"

①她比以前漂亮了。

　　Tā bǐ yǐqián piàoliang le.

②她今年二十岁了。

　　Tā jīnnián èrshí suì le.

③明天我不去了。

　　Míngtiān wǒ bú qù le.

ドリル

次のことばを並べ替えてみよう。

①さらに水餃子150グラムください。

　再 / 来 / 水饺 / 3两

_____

②トマト1つときゅうり2本ください。

　西红柿 / 黄瓜 / 两根 / 一个 / 来 / 和

_____

1)　次のことばを並べ替えてみよう。

①昨日、あなたもバイトをしたのですか。

　昨天 / 吗 / 也 / 打工 / 你 / 了

_____

②昨日、私は本を2冊買いました。

　买 / 了 / 昨天 / 我 / 两本 / 书

_____

2)　次の日本語を中国語に訳してみよう。

①いいえ、私はバイトをしませんでした。

_____

②今日、寒くなってきました。

_____

③いま何時ですか。

_____

チェックシート

1 ☑ 簡体字チェック

- ☐ huānyíng guānglín _____
- ☐ wūlóngchá _____
- ☐ mǐfàn _____
- ☐ rède _____

2 ☑ 単語の意味チェック

- ☐ 欢迎光临 _____
- ☐ 菜单 _____
- ☐ 喝 _____
- ☐ 结账 _____

3 ☑ 文法ポイントチェック

- ☐ （　　　）一个麻婆豆腐和一碗米饭。
  （マーボー豆腐一つとご飯一つ［一碗］ください。）

- ☐ 不要（　　）。
  （もうけっこうです。）

🔊 037

1 炒饭（盘） chǎofàn (pán)	2 套餐（个） tàocān (ge)	3 咖喱饭（份儿） gālífàn (fènr)
4 炸酱面（碗） zhájiàngmiàn (wǎn)	5 北京烤鸭（只） Běijīngkǎoyā (zhī)	6 青椒肉丝（盘） qīngjiāo ròusī (pán)
7 可乐（罐） kělè (guàn)	8 橙汁（杯） chéngzhī (bēi)	9 红酒（瓶） hóngjiǔ (píng)

①チャーハン（皿）　②セットメニュー（個）　③カレーライス（セット）　④ジャージャー面（碗）
⑤北京ダック（匹）　⑥チンジャオロース（皿）　⑦コーラ（本）　⑧オレンジジュース（杯）
⑨赤ワイン（本）

🔊 038

 音声を聞いて、正しい回答をABCの中から選んでみよう。

1) 我和佐佐木什么时候去吃北京烤鸭了?

　　A 今天晚上　　B 昨天中午　　C 昨天晚上

2) 佐佐木喝了什么?

　　A 红酒　　B 啤酒　　C 可乐

レパートリーを増やそう

A 「注文」に役立つ表現

1. 服务员。 🔊 039
Fúwùyuán.

2. 我要点菜。
Wǒ yào diǎncài.

3. 有没有日语的菜单?
Yǒu méi yǒu Rìyǔ de càidān?

4. 先要这些，不够再添。
Xiān yào zhèixiē, bú gòu zài tiān.

5. 这个菜很辣吗?
Zhèige cài hěn là ma?

①ちょっとすみません。②注文したいのですが。③日本語のメニューがありますか。④とりあえず、このくらいにして、足りなければまた注文します。⑤このおかずはとても辛いですか。

B Aの表現を参考にしながら、ロールプレーで次の会話を楽しんでみよう。
（Bの部分を自分で完成してみよう）

A. 欢迎光临。请您点菜。

B. _____

A. 喝什么饮料?

B. _____

A. 还要别的吗?

B. _____

〈凉菜〉		〈主食〉	
拼盘	40元	米饭	1元
皮蛋	8元	水饺	10元
蔬菜色拉	13元	锅贴	13元
		面条	5元
〈热菜〉		包子	7元
青椒肉丝	18元	炒饭	17元
麻婆豆腐	13元		
八宝菜	30元	〈酒水〉	
回锅肉	11元	啤酒	3元
北京烤鸭	120元	花茶	5元
		乌龙茶	6元
〈汤〉		可乐	3元
三鲜汤	15元	绍兴酒	30元
西红柿鸡蛋汤	7元	〈甜点〉	
鱼翅汤	88元		
酸辣汤	16元	冰激凌	6元
		杏仁豆腐	8元

ピンイン ワンポイント強化メニュー

無気音と有気音を区別しよう

　無気音を発音する時は、息の音がもれないように、やわらかく発音します。一方、有気音はしっかり息の音を出すように、極端に言いますと、子音を発音したあと、しばらくは息が続き、その後母音の音が聞こえるように発音します。まずはまとめて発音してみましょう。

無気音	b	d	g	j	zh	z
有気音	p	t	k	q	ch	c

練習してみよう

1) 要領に基づいて発音してみよう。

菜单	麻婆豆腐	包子	不要
càidān	mápó dòufu	bāozi	bú yào

2) 音声を聞いて、発音されたものに○をつけてみよう。　🔊 040

① duì　tuì　　② dào　tào　　③ jī　qī　　④ bái　pái

3) 音声を聞いてピンインを書き取ってみよう。　🔊 041

① _____　② _____

③ _____　④ _____

4) 本文から「無気音と有気音」がつく音節を見つけ、上手に読んでみよう。

第6課 买东西（ショッピング）
Mǎi dōngxi

新出語句

042

1. 买东西　mǎi dōngxi　　　　ショッピング
2. 买　mǎi　　　　　　　　買う
3. 件　jiàn　　　　　　　　（服の）～枚
4. T恤衫　Txùshān　　　　　Tシャツ
5. 喜欢　xǐhuan　　　　　　好きである
6. 颜色　yánsè　　　　　　色
7. 这些　zhèxiē　　　　　　これら
8. 体育名牌儿　tǐyù míngpáir　スポーツブランド
9. 试　shì　　　　　　　　試す、試着する
10. 耐克　Nàikè　　　　　　ナイキ
11. 试衣间　shìyī jiān　　　　試着室
12. 正　zhèng　　　　　　　ちょうど
13. 合适　héshì　　　　　　ぴったりである

本文

🔊 043

服务员：欢迎 光临。 您 要 买 什么？
Huānyíng guānglín. Nín yào mǎi shénme?

佐佐木：我 想 买 一 件 T 恤衫。
Wǒ xiǎng mǎi yí jiàn T xùshān.

服务员：您 喜欢 什么 颜色？
Nín xǐhuan shénme yánsè?

佐佐木：我 喜欢 白色。
Wǒ xǐhuan báisè.

服务员：这 些 都 是 体育 名牌儿，您 喜欢 哪 件？
Zhè xiē dōu shì tǐyù míngpáir, nín xǐhuan něi jiàn?

佐佐木：我 想 试试 那 件 耐克 的。
Wǒ xiǎng shìshi nèi jiàn Nàikè de.

服务员：好 的。 请 到 试衣 间。
Hǎo de. Qǐng dào shìyī jiān.

· · · · · · · · · · · ·

佐佐木：这 件 正 合适。 就 要 这 件 吧。
Zhèi jiàn zhèng héshì. Jiù yào zhèi jiàn ba.

ポイント

POINT 1 "喜欢"

"喜欢"は動詞、「～が好きだ」という意味。目的語は名詞または動詞フレーズ。

①他喜欢阳子。

　Tā xǐhuan Yángzǐ.

②我喜欢看外国电影。

　Wǒ xǐhuan kàn wàiguó diànyǐng.

③我不喜欢吃胡萝卜。

　Wǒ bù xǐhuan chī húluóbo.

④你喜欢不喜欢打排球?

　Nǐ xǐhuan bu xihuan dǎ páiqiú?

POINT 2 量詞の使い方

1) 数詞＋量詞＋名詞

一张桌子	两杯酸奶	三把雨伞
yì zhāng zhuōzi	liǎng bēi suānnǎi	sān bǎ yǔsǎn

四件毛衣	五个人	六本书
sì jiàn máoyī	wǔ ge rén	liù běn shū

2) 「この～、その～」の言い方

"这"／"那"／"哪"＋数詞＋量詞＋名詞

①这件衣服真漂亮。

　Zhèi jiàn yīfu zhēn piàoliang.

②这三台电脑是东芝的，那两台电脑是日立的。

　Zhèi sān tái diànnǎo shì Dōngzhī de, nèi liǎng tái diànnǎo shì Rìlì de.

③哪个是你的?

　Něi ge shì nǐ de?

④这把伞是谁的?

　Zhèi bǎ sǎn shì shéi de?

ドリル

次のことばを並べ替えてみよう。

①私は辛いものを食べるのが大好きです。

　我 / 喜欢 / 辣的 / 特别 / 吃

_____

②弟は勉強が好きではありません。

　弟弟 / 喜欢 / 不 / 学习

_____

③あなたは中国料理を食べるのが好きですか。（反復疑問文）

　不喜欢 / 你 / 中国菜 / 吃 / 喜欢

_____

1) 　次のことばを並べ替えてみよう。

①教室の中に机が何台ありますか。

　桌子 / 有 / 张 / 教室里 / 几

_____

②このコーラは私のです。

　可乐 / 是 / 这 / 我的 / 瓶

_____

2) 　次の日本語を中国語に訳してみよう。

①カレーライスを一つください。

_____

②あの人は私のおじいさんです。

_____

チェックシート

1 ☑ 簡体字チェック

- ☐ mǎi _____
- ☐ T xùshān _____
- ☐ shénme _____
- ☐ shì _____

2 ☑ 単語の意味チェック

- ☐ 买 _____
- ☐ 名牌儿 _____
- ☐ 颜色 _____
- ☐ 喜欢 _____

3 ☑ 文法ポイントチェック

- ☐ 我想买（　　　　）T恤衫。
  （Ｔシャツを１枚買いたいのですが。）

- ☐ 我（　　　　）白色。
  （私は白が好きです。）

役にたつことば ＋9 （）044

1 肥 / 瘦 féi / shòu	2 大 / 小 dà / xiǎo	3 长 / 短 cháng / duǎn
4 大号 / 小号 dàhào / xiǎohào	5 便宜 / 贵 piányi / guì	6 裤子 kùzi
7 羊绒衫 yángróngshān	8 衬衫 chènshān	9 收银台 shōuyíntái

①ゆったりしている /（小さくて）窮屈である　②大きい / 小さい　③長い / 短い　④Ｌサイズ / Ｓサイズ　⑤安い / 高い　⑥ズボン　⑦カシミヤセーター　⑧シャツ、ブラウス　⑨レジ

（）045

👀 音声を聞いて、正しい回答を**ABC**の中から選んでみよう。

1)　佐佐木买了一件什么颜色的羊绒衫?

　　A 白色的　　**B** 黑色的　　**C** 蓝色的

2)　羊绒衫多少钱一件?

　　A 六百多块　　**B** 七百多块　　**C** 九百多块

レパートリーを増やそう

A 「ショッピング」に役立つ表現

1. 有长一点儿的吗?
   Yǒu cháng yìdiǎnr de ma?

   🔊 046

2. 还有其他颜色的吗?
   Hái yǒu qítā yánsè de ma?

3. 您穿多大号的?
   Nín chuān duōdà hào de?

4. 我想把这个退了。
   Wǒ xiǎng bǎ zhèi ge tuì le.

5. 麻烦您给包一下。
   Máfan nín gěi bāo yíxià.

①もう少し長いのがありませんか。②ほかの色はありますか。③何サイズをご着用ですか。④これを返品したいのですが。⑤贈物用に包んでください。

B Aの表現を参考にしながら、ロールプレーで次の会話を楽しんでみよう。
（Bの部分を自分で完成してみよう）

A. 欢迎光临。您要买什么?

B. _____

A. 您穿多大号的?

B. _____

A. 您喜欢什么颜色?

B. _____

ピンイン ワンポイント強化メニュー

ian と iang

「ian」と「iang」は、まず「a」の音色が異なっています。「iang」の「a」は「ア」のまま発音しますが、「ian」は、「a」が「エ」に近い音になり、「イエン」のようになりますので、注意してください。また、同様に、「üan」の場合も同じような現象が起こり、「ユエン」と発音します。

練習してみよう

1) 要領に基づいて発音してみよう。

颜色	试衣间	一件	羊绒衫
yánsè	shìyī jiān	yí jiàn	yángróngshān

2) 音声を聞いて、発音されたものに○をつけてみよう。　🔊047

① qián　qiáng　　　② jiàn　jiàng

③ xiān　xiāng　　　④ yàngzi　yànzi

3) 音声を聞いてピンインを書き取ってみよう。　🔊048

①　_____　　②　_____

③　_____　　④　_____

4) 本文から「ian」「iang」がつく音節を見つけ、上手に読んでみよう。

讲价 （値切り）
Jiǎngjià

新出語句

🔊 049

1.	讲价 jiǎngjià	値切り
2.	葡萄 pútao	ぶどう
3.	多少钱 duōshao qián	いくら
4.	斤 jīn	中国の度量衡（1斤＝500g）
5.	太 tài	あまりにも
6.	贵 guì	（値段が）高い
7.	便宜 piányi	（値段が）安い
8.	怎么样 zěnmeyàng	どうですか
9.	吃不了 chībuliǎo	食べきれない
10.	不行 bùxíng	だめだ
11.	赔 péi	損する

58

本文

🔊 050

佐佐木：葡萄 多少 钱 一 斤？
　　　　Pútao duōshao qián yì jīn?

售货员：六 块 钱 一 斤。
　　　　Liù kuài qián yì jīn.

佐佐木：太 贵 了。 便宜 一点儿 吧。
　　　　Tài guì le. Piányi yìdiǎnr ba.

售货员：十 块 钱 三 斤 怎么样？
　　　　Shí kuài qián sān jīn zěnmeyàng?

佐佐木：三 斤 太 多 了，我 一 个 人 吃不了。
　　　　Sān jīn tài duō le, wǒ yí ge rén chībuliǎo.

售货员：那 就 五 块 钱 二 斤 吧。
　　　　Nà jiù wǔ kuài qián èr jīn ba.

佐佐木：两 块 钱 一 斤 不行 吗？
　　　　Liǎng kuài qián yì jīn bùxíng ma?

售货员：不行。 再 便宜 我 就 赔 了。
　　　　Bùxíng. Zài piányi wǒ jiù péi le.

ポイント

POINT 1　"太"＋形容詞＋"了"（あまりにも～すぎる）

　「"太～了"」は度が過ぎることを表し、通常、悪いことに使うことが多いですが、称賛する時，程度がきわめて高いことを表すこともできます。

①这个书包太重了。
Zhèige shūbāo tài zhòng le.

②这个问题太难了。
Zhèige wèntí tài nán le.

③你唱得太好了。
Nǐ chàngde tài hǎo le.

POINT 2　可能補語

　動詞の後ろに付いて動作行為の実現が可能かどうかを表す語は「可能補語」と言います。可能補語になるのは動詞、または形容詞。

> 動詞＋"得"＋可能補語

　否定文の場合は"得"は用いません。

> 動詞＋"不"＋可能補語

①老师的汉语我们听得懂。
Lǎoshī de Hànyǔ wǒmen tīngdedǒng.

②太贵了，我买不起。
Tài guì le, wǒ mǎi bu qǐ.

③你写得完作业吗?
Nǐ xiědewán zuòyè ma?

※よく使われる可能補語

看得见　（見える）　⟷　看不见　（見えない）
kàn de jiàn　　　　　　　　　kàn bu jiàn

写得完　（書き終える　　　⟷　写不完　（書き終えない
xiě de wán　やりおえる）　　　xiě bu wán　やりおえない）

买得到　（買える）　⟷　买不到　（買えない）
mǎi de dào　　　　　　　　　mǎi bu dào

说得好　（上手に話す　　　⟷　说不好　（上手に話す
shuō de hǎo　ことができる）　　　shuō bu hǎo　ことができない）

ドリル

次のことばを並べ替えてみよう。

①彼の妹さんは可愛すぎます。

妹妹 / 他 / 可爱 / 了 / 太

_____

②今日は本当に寒いですね。

冷 / 太 / 今天 / 了

_____

1) 次のことばを並べ替えてみよう。

①中国語の雑誌をあなたは見てわかりますか。

你 / 中文 / 看得懂 / 吗 / 杂志

_____

②彼は8時より前に帰ってくることができません。

他 / 8点 / 回不来 / 以前

_____

2) 次の日本語を中国語に訳してみよう。

①彼の日本語を私は聞いてわかりません。

_____

②私は富士山が見えます。

_____

チェックシート

1 ☑ 簡体字チェック

☐ duōshao qián   _____

☐ guì   _____

☐ zěnmeyàng   _____

☐ chībuliǎo   _____

2 ☑ 単語の意味チェック

☐ 多少钱   _____

☐ 一斤   _____

☐ 便宜   _____

☐ 不行   _____

3 ☑ 文法ポイントチェック

☐ （　　　）贵了。
（高すぎます。）

☐ 我一个人（　　　）。
（私一人では食べきれません。）

役にたつことば +9 ナイン

 051

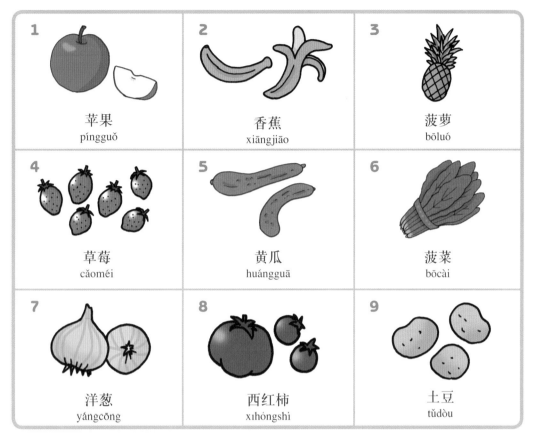

1 苹果 pígguǒ	2 香蕉 xiāngjiāo	3 菠萝 bōluó
4 草莓 cǎoméi	5 黄瓜 huángguā	6 菠菜 bōcài
7 洋葱 yángcōng	8 西红柿 xīhóngshì	9 土豆 tǔdòu

①りんご ②バナナ ③パイナップル ④いちご ⑤きゅうり ⑥ほうれんそう ⑦玉ねぎ
⑧トマト ⑨ジャガイモ

 052

音声を聞いて、正しい回答をABCの中から選んでみよう。

1) 我喜欢吃什么水果?

    A 香蕉和西红柿   **B** 香蕉和草莓   **C** 菠菜和西红柿

2) 佐佐木喜欢吃什么?

    A 蔬菜   **B** 水果   **C** 蔬菜和水果

レパートリーを増やそう

「値切り」に役立つ表現

1. 这个怎么卖? (🔊) 053
Zhèige zěnme mài?

2. 可以尝尝吗?
Kěyǐ chángchang ma?

3. 太贵了，我买不起。
Tài guì le, wǒ mǎibuqǐ.

4. 你的草莓比别人的贵啊。
Nǐ de cǎoméi bǐ biéren de guì a.

5. 能不能再便宜一点儿?
Néng bù néng zài piányi yìdiǎnr?

①これはいくらですか。②味見してもいいですか。③高すぎて、買えません。④あなたのイチゴはほかのより高いですね。⑤もう少し安くなりませんか。

B Aの表現を参考にしながら、ロールプレーで次の会話を楽しんでみよう。
（Bの部分を自分で完成してみよう）

A. 这个香蕉怎么卖?

B. _____

A. 便宜一点儿吧。

B. _____

A. 能不能再便宜一点儿?

B. _____

ピンイン 「ワンポイント強化メニュー」

消える「o」と「e」

複母音「iou、uei」が、前に子音を伴う場合、真ん中の「e」や「o」は表記されません。

子音＋
$$iou \rightarrow -iu \quad （例）j+iōu \rightarrow jiū$$
$$uei \rightarrow -ui \quad （例）h+uēi \rightarrow huī$$
$$uen \rightarrow -un \quad （例）l+uēn \rightarrow lūn$$

なお、表記上「e」や「o」が落ちても、その音が完全になくなってしまったわけではありません。たとえば、第三声など発音する場合、「e」や「o」がはっきり聞こえます。

練習してみよう

1) 要領に基づいて発音してみよう。

jiǔ 九（ji°ǔ）　　　tuǐ 腿（tu°ǐ）　　　zhǔn 准（zhǔ°n）

2) 音声を聞いて、発音されたものに○をつけてみよう。　　🔊 054

① liú　lú　　② jiǔ　hòu　　③ yǒu　jù　　④ tuī　huī

3) 音声を聞いてピンインを書き取ってみよう。　　🔊 055

①　＿＿＿＿＿＿＿＿＿＿＿　　②　＿＿＿＿＿＿＿＿＿＿＿

③　＿＿＿＿＿＿＿＿＿＿＿　　④　＿＿＿＿＿＿＿＿＿＿＿

4) 本文から子音のうしろに「iu　ui」がつく音節を見つけ、上手に読んでみよう。

第8課 问路 （道を尋ねる）
Wènlù

🔊 056

1.	问路	wènlù	道を尋ねる
2.	劳驾	láojià	恐れ入りますが
3.	打听	dǎtīng	尋ねる、聞く
4.	医院	yīyuàn	病院
5.	大楼	dàlóu	ビル
6.	对面	duìmiàn	向かい側
7.	走	zǒu	歩く、行く
8.	从	cóng	～から
9.	一直	yìzhí	まっすぐ
10.	看见	kànjiàn	見える
11.	红绿灯	hónglǜdēng	信号
12.	往	wǎng	～へ
13.	拐	guǎi	曲がる
14.	对了	duìle	そうだ
15.	卖	mài	売る
16.	水果	shuǐguǒ	くだもの
17.	拐弯儿	guǎiwānr	曲がり角
18.	家	jiā	～軒
19.	超市	chāoshì	スーパーマーケット

本文

🔊 057

佐佐木：劳驾， 跟 您 打听 一下， 北京 医院 在
Láojià, gēn nín dǎtīng yíxià, Běijīng Yīyuàn zài

哪儿？
nǎr?

过路人：北京 医院 在 银行 大楼 对面。
Běijīng Yīyuàn zài yínháng dàlóu duìmiàn.

佐佐木：怎么 走？
Zěnme zǒu?

过路人：从 这儿 一直 走， 看见 红绿灯 往 右 拐。
Cóng zhèr yìzhí zǒu, kànjiàn hónglǜdēng wǎng yòu guǎi.

佐佐木：谢谢。 对了， 哪儿 有 卖 水果 的？
Xièxie. Duìle, nǎr yǒu mài shuǐguǒ de?

过路人：拐弯儿 那儿 有 一 家 超市。
Guǎiwānr nàr yǒu yì jiā chāoshì.

佐佐木：太 谢谢 您 了。
Tài xièxie nín le.

过路人：不 客气。
Bú kèqi.

ポイント

 POINT 1 前置詞 "从"、"往"

"从" は時間と空間の起点を表します—「〜から」
"往" は動作行為が向かう方向を表します—「〜へ」

①我们从冲绳出发，去北海道。
Wǒmen cóng Chōngshéng chūfā, qù Běihǎidào.

②从这儿一直走，然后往左拐。
Cóng zhèr yìzhí zǒu, ránhòu wǎng zuǒ guǎi.

 POINT 2 疑問詞のまとめ

「何、何の、どのような、誰、どこ、いつ、どれ、どの」など疑問詞が入っている疑問文は文末に "吗" は置きません。

疑問詞のいろいろ：

中国語	日本語	中国語	日本語
什么 shénme	何	哪个 něi ge	どれ
谁 shuí / shéi	誰	多少 duōshao	いくつ・どのくらい
哪儿 nǎr	どこ	几 jǐ	どのくらい
什么时候 shénme shíhou	いつ	怎么样 zěnmeyàng	どうですか・いかがですか

①这是什么?
Zhè shì shénme?

②你是谁?
Nǐ shì shéi?

③洗手间在哪儿?
Xǐshǒujiān zài nǎr?

④他们什么时候来?
Tāmen shénme shíhou lái?

⑤你吃哪个?
Nǐ chī něi ge?

⑥多少钱?
Duōshao qián?

⑦今天几月几号?
Jīntiān jǐ yuè jǐ hào?

⑧我们去吃韩国烤肉怎么样?
Wǒmen qù chī Hánguó kǎoròu zěnmeyàng?

ドリル

次のことばを並べ替えてみよう。

①私の家から大学まで１時間かかります。

到 / 大学 / 要 / 从 / 我家 / 一个小时

_____

②ここからまっすぐに行って、それから右へ曲がってください。

往 / 右 / 拐 / 这儿 / 一直 / 从 / 走 / 然后

_____

「疑問詞のいろいろ」と日本語を参考に、疑問詞を（　　　　）に入れてみよう。

①ここはどこですか。

　这儿是（　　　　　　）?

②あなたは何を勉強していますか。

　你学（　　　　　）?

③誰が李先生ですか。

　（　　　　　　　）是李老师?

④あなたは何人家族ですか。

　你家有（　　　　　）口人?

⑤一緒にピザを食べに行くのはいかがですか。

　我们一起去吃比萨饼（　　　　　　）?

⑥チャイナドレスはいくらですか。

　一件旗袍（　　　　　）钱?

⑦コンサートはいつ始まりますか。

　音乐会（　　　　　）开始?

⑧あなたはどれを買いたいのですか。

　你想买（　　　　　）?

チェックシート

1 ☑ 簡体字チェック

☐ láojià　　＿＿＿＿＿＿＿＿＿＿＿＿＿＿＿

☐ yìzhí　　＿＿＿＿＿＿＿＿＿＿＿＿＿＿＿

☐ hónglǜdēng　＿＿＿＿＿＿＿＿＿＿＿＿＿

☐ chāoshì　　＿＿＿＿＿＿＿＿＿＿＿＿＿＿

2 ☑ 単語の意味チェック

☐ 打听　　＿＿＿＿＿＿＿＿＿＿＿＿＿＿

☐ 走　　　＿＿＿＿＿＿＿＿＿＿＿＿＿＿

☐ 卖　　　＿＿＿＿＿＿＿＿＿＿＿＿＿＿

☐ 水果　　＿＿＿＿＿＿＿＿＿＿＿＿＿＿

3 ☑ 文法ポイントチェック

☐ （　　　）这儿一直走，看见红绿灯（　　　）右拐。
（ここからまっすぐに行って、信号が見えたら右へ曲がってください。）

☐ 北京医院在（　　　）?
（北京病院はどこにありますか。）

1 远 / 近 yuǎn / jìn	2 前边儿 / 后边儿 qiánbianr / hòubianr	3 左边儿 / 右边儿 zuǒbianr / yòubianr
4 上边儿 / 下边儿 shàngbianr / xiàbianr	5 里边儿 / 外边儿 lǐbianr / wàibianr	6 STARBUCKS COFFEE 星巴克 Xīngbākè
7 Häagen-Dazs 哈根达斯 Hāgēndásī	8 麦当劳 McDonald's 麦当劳 Màidāngláo	9 肯德基 KFC 肯德基 Kěndéjī

①遠い / 近い　②前 / 後　③左 / 右　④上 / 下　⑤中 / 外　⑥スターバックス　⑦ハーゲンダッツ
⑧マクドナルド　⑨ケンタッキー

🔊059

😊 音声を聞いて、正しい回答を**ABC**の中から選んでみよう。

1)　大学对面有什么?

　　A 麦当劳和肯德基　　**B** 星巴克和哈根达斯　　**C** 肯德基和星巴克

2)　我很喜欢吃什么?

　　A 哈根达斯　　**B** 麦当劳　　**C** 肯德基

レパートリーを増やそう

A 「道を尋ねる」時に役立つ表現

1. 图书馆对面就是。 🔊 **060**
Túshūguǎn duìmiàn jiùshì.

2. 要过红绿灯吗?
Yào guò hónglǜdēng ma?

3. 得走多长时间?
Děi zǒu duōcháng shíjiān?

4. 坐地铁还是坐公共汽车?
Zuò dìtiě háishi zuò gōnggòngqìchē?

5. 他家就在十字路口的东边儿。
Tā jiā jiù zài shízì lùkǒu de dōngbianr.

①図書館の向かい側がそうです。②信号を渡りますか。③どのくらい歩きますか。④地下鉄ですか、バスですか。⑤彼の家は十字路の東側にあります。

B Aの表現を参考にしながら、地図を描いて、最寄り駅から自宅までの道順をみんなに説明してみよう。

┌ ☆地図を描いてみよう ┐

ピンイン ワンポイント強化メニュー

ＺＣＳの発音テクニック

「z(i)」は息の音がしないように「ツー」。「c(i)」は有気音です。思いっきり息の音が出るように「ツー」。「s(i)」は口の端を横に引いて、「スー」。

また、「zu, cu, su、ze, ce, se」と「zi, ci, si」は、「ズ、ツ、ス」と聞こえてしまうため、発音し分けるのも難しくなります。違いは、母音の音色です。「u」は唇を思い切りまるめます。「e」は唇を「エ」の形にして「ウ」を発音しましょう。「zi, ci, si」の「i」は、唇の端を思い切り横に引きながら「ウ」を発音します。

練習してみよう

1) 要領に基づいて発音してみよう。

在	怎么走	从	三次
zài	zěnme zǒu	cóng	sān cì

2) 音声を聞いて、発音されたものに○をつけてみよう。　🔊 061

① zì　jì　　② zé　cuó　　③ sī　xī　　④ zǔ　zǐ

3) 音声を聞いてピンインを書き取ってみよう。　🔊 062

① _____　② _____

③ _____　④ _____

4) 本文から「ｚ　ｃ　ｓ」がつく音節を見つけ、上手に読んでみよう。

第9課

快餐店（ファーストフード店）
Kuàicāndiàn

1. **快餐店** kuàicāndiàn　　ファーストフード店
2. **还是** háishi　　それとも
3. **带回去** dàihuíqu　　持ち帰り
4. **套餐** tàocān　　セットメニュー
5. **可乐** kělè　　コーラ
6. **芬达** fēndá　　ファンタ
7. **雪碧** xuěbì　　スプライト
8. **任选** rènxuǎn　　自由に選ぶ
9. **吸烟** xīyān　　喫煙する
10. **无烟餐厅** wúyān cāntīng　　終日禁煙レストラン
11. **慢用** màn yòng　　どうぞごゆっくり

本文

🔊 064

服务员：欢迎　光临。　您　是　在　这儿　吃　还是　带
Huānyíng　guānglín.　Nín　shì　zài　zhèr　chī　háishi　dài

回去？
huíqu?

佐佐木：我　在　这儿　吃。
Wǒ　zài　zhèr　chī.

服务员：您　要　什么？
Nín　yào　shénme?

佐佐木：我　要　B　套餐。
Wǒ　yào　B　tàocān.

服务员：饮料　请　从　可乐、芬达、雪碧、咖啡　中
Yǐnliào　qǐng　cóng　kělè、　fēndá、　xuěbì、　kāfēi　zhōng

任选　一　种。
rènxuǎn　yì　zhǒng.

佐佐木：我　要　可乐。　请问，店里　可以　吸烟　吗？
Wǒ　yào　kělè.　Qǐngwèn,　diànli　kěyǐ　xīyān　ma?

服务员：对不起，我们　是　无烟　餐厅，不　能　吸烟。
Duìbuqǐ,　wǒmen　shì　wúyān　cāntīng,　bù　néng　xīyān.

佐佐木：知道　了。
Zhīdao　le.

服务员：好，美女，请　您　慢　用。
Hǎo,　měinǚ,　qǐng　nín　màn　yòng.

ポイント

POINT 1　方向補語

動詞の後ろについて動作行為の向かう方向を表す語は方向補語と言います。

主な方候補語

	上	下	进	出	回	过
来 来る	上来 shànglai 上がってくる	下来 xiàlai 下りてくる	进来 jìnlai 入ってくる	出来 chūlai 出てくる	回来 huílai 戻ってくる	过来 guòlai 向こうから くる
去 行く	上去 shàngqu 上がっていく	下去 xiàqu 下りていく	进去 jìnqu 入っていく	出去 chūqu 出ていく	回去 huíqu 戻っていく	过去 guòqu 向こうにいく

①你明天几点回来?

Nǐ míngtiān jǐ diǎn huílai?

②我们走上去吧。

Wǒmen zǒushàngqu ba.

③我带照相机来了。

Wǒ dài zhàoxiàngjī lai le.

POINT 2　"在" のまとめ

1)　動詞　　ある／いる

我家在名古屋市。

Wǒjiā zài Mínggǔwū shì.

2)　前置詞　　～で

他在网吧打工。

Tā zài wǎngbā dǎgōng.

3)　進行を表す表現　　～している

你在干什么呢?

Nǐ zài gàn shénme ne?

ドリル

 1

1) 次のことばを並べ替えてみよう。

①私は買ってきました。

回 / 了 / 我 / 来 / 买

_____

②先生は教室に歩いて入った。

老师 / 了 / 进 / 教室 / 去 / 走

_____

2) 次の親子の会話（国際電話）を中国語に訳してみよう。

場面：母（日本）　　娘（中国）

母：あなたはいつ（日本に）帰ってくるの。

你什么时候（　　　　　　）?

娘：私は日曜日に帰るよ（帰っていく）。

我星期天（　　　　　）。

 2

次の日本語を中国語に訳してみよう。

1) 私たちの大学は東京都にあります。

_____

2) あなたはどこでバイトし（てい）ますか。

_____

3) いま宿題をやっているところです。

_____

チェックシート

☐ chī   _____

☐ tàocān   _____

☐ xī yān   _____

☐ duìbuqǐ _____

☐ 咖啡   _____

☐ 还是   _____

☐ 请问   _____

☐ 知道了   _____

☐ 您是在这儿吃还是带（　　　）?
（ここで召し上がるのですか、それともお持ち帰りですか。）

☐ 我（　　　）这儿吃。
（私はここで食べます。）

🔊 065

1 汉堡包 hànbǎobāo	2 薯条 shǔtiáo	3 牛排 niúpái
4 三明治 sānmíngzhì	5 甜甜圈 tiántiánquān	6 苹果派 píngguǒpài
7 香草奶昔 xiāngcǎo nǎixī	8 冰激凌 bīngjīlíng	9 炸鸡 zhájī

①ハンバーガー ②ポテトフライ ③ステーキ ④サンドイッチ ⑤ドーナツ ⑥りんごパイ
⑦バニラシェーキ ⑧アイスクリーム ⑨フライドチキン

🔊 066

😀😀 音声を聞いて、正しい回答をABCの中から選んでみよう。

1) 我们在哪儿吃的午饭?

    A 肯德基　　**B** 麦当劳　　**C** 咖啡厅

2) 佐佐木吃了什么?

    A 苹果派　　**B** 汉堡包　　**C** 汉堡包和薯条

レパートリーを増やそう

A 「ファーストフード店での食事」に役立つ表現

1. 请问，附近有快餐店吗？ 🔊 067
  Qǐngwèn, fùjìn yǒu kuàicāndiàn ma?

2. 我要一份排骨饭套餐。
  Wǒ yào yí fèn páigǔfàn tàocān.

3. 我们去吃自助餐吧。
  Wǒmen qù chī zìzhùcān ba.

4. 可以坐在这里吗？
  Kěyǐ zuòzài zhèli ma?

5. 请把桌子擦一下。
  Qǐng bǎ zhuōzi cā yíxià.

①お尋ねしますが、この近くにファーストフードのお店はありますか。②パイグウ飯セットをお願いします。③食べ放題を食べに行きましょうよ。④ここに座ってもいいですか。⑤テーブルを拭いてください。

B ロールプレーで次の会話を楽しんでみよう。（Bの部分を自分で完成してみよう）

  A. 欢迎光临。这是菜单。您要什么？

  B. _____

  A. 要什么饮料？

  B. _____

  A. 要凉的还是要热的？

  B. _____

ピンイン ワンポイント強化メニュー

an と ang の区別をマスターしよう

日本語の「アンナイ」（案内）の「アン」と「アンガイ」（案外）の「アン」のそれぞれの「ン」は違います。ゆっくり発音してみるとわかるように、「アンナイ」の方では、「ン」は上前歯の裏辺りに舌先がつき、「アンガイ」の方は、舌先はどこにもついていないはずです。「アンナイ」の「ーン」はつまり中国語の「-n」、「アンガイ」の「ーン」は中国語の「-ng」に相当するのです。

練習してみよう

1) 要領に基づいて発音してみよう。

欢迎 光临 　　　任选 　　　店里 　　　慢
huānyíng guānglín 　　rènxuǎn 　　diànli 　　màn

2) 音声を聞いて、発音されたものに○をつけてみよう。　🔊068

① kàn　kàng 　　　② cān　cāng

③ bǎn　bǎng 　　　④ jiàn　jiàng

3) 音声を聞いてピンインを書き取ってみよう。　🔊069

① _____ 　② _____

③ _____ 　④ _____

4) 本文から「an / ang」がつく音節を見つけ、上手に読んでみよう。

买车票 （乗車券を買う）
Mǎi chēpiào

新出語句

(♪) 070

1. **车票** chēpiào （電車・バスなどの）切符
2. **张** zhāng 〜枚
3. **火车票** huǒchēpiào 列車の切符
4. **次** cì 号（便）
5. **特快** tèkuài 特急
6. **卖完** màiwán 売り切れる
7. **硬卧** yìngwò 二級寝台車
8. **软卧** ruǎnwò グリーン寝台車
9. **几号** jǐ hào 何番
10. **站台** zhàntái ホーム
11. **上车** shàng chē 乗車する

本文

🔊 071

佐佐木：买 一 张 明天 去 上海 的 火车票。
Mǎi yì zhāng míngtiān qù Shànghǎi de huǒchēpiào.

售票员：你 要 几 点 的?
Nǐ yào jǐ diǎn de?

佐佐木：19 点 56 分 发车，北京 到 上海 的
Shíjiǔ diǎn wǔshiliù fēn fāchē, Běijīng dào Shànghǎi de

123次 特快。
yì bǎi èrshi sān cì tèkuài.

售票员：对不起，123次 特快 已经 卖完 了。
Duìbuqǐ, yì bǎi èrshi sān cì tèkuài yǐjīng màiwán le.

佐佐木：那 20 点 13 分 发车 的 125次 特快
Nà èrshí diǎn shísān fēn fāchē de yì bǎi èrshi wǔ cì tèkuài

还 有 没有?
hái yǒu méiyǒu?

售票员：有。 你 要 硬卧 还是 要 软卧?
Yǒu. Nǐ yào yìngwò háishi yào ruǎnwò?

佐佐木：我 要 硬卧。请问，在 几 号 站台 上 车?
Wǒ yào yìngwò. Qǐngwèn, zài jǐ hào zhàntái shàng chē?

售票员：在 3 号 站台 上 车。
Zài sān hào zhàntái shàng chē.

ポイント

POINT 1 結果補語

　　動詞の後ろに置いて、動作行為の結果を補足説明する語は「結果補語」と言います。結果補語になるのは動詞、または形容詞。否定文は"没"を用います。

肯定文

動詞＋補語＋目的語

否定文

没（有）＋動詞＋補語

よく使われている結果補語

懂 dǒng　理解する	错 cuò　間違える
完 wán　～てしまう　～し終える	好 hǎo　ちゃんと～する
到 dào　目標に達する	清楚 qīngchu　はっきりと～する

①对不起，我写错了。

　　Duìbuqǐ, wǒ xiěcuò le.

②我没听懂他的话。

　　Wǒ méi tīngdǒng tā de huà.

POINT 2 "有"のまとめ

1) 所有（～持っている）

①他有很多朋友。

　　Tā yǒu hěn duō péngyou.

②我没有钱。

　　Wǒ méiyǒu qián.

2) 存在（…に～ある）

①冰箱里有什么饮料?

　　Bīngxiānglǐ yǒu shénme yǐnliào?

②桌子上没有钥匙。

　　Zhuōzishang méiyǒu yàoshi.

ドリル

1) 次のことばを並べ替えてみよう。

①誕生日プレゼントは私はちゃんと買いました。

生日礼物 / 了 / 我 / 买好

_____

②『西遊記』はあなたは読み終えましたか。

《西游记》/ 你 / 看完 / 了 / 吗

_____

2) 次の日本語を中国語に訳してみよう。

①宿題はやりおえました。

_____

②彼女の中国語は私は聞いてわかりませんでした。

_____

中国語で答えてみよう。

1) ①你有妹妹吗?

_____

②你有没有电脑?

_____

2) ①你家附近有没有麦当劳?

_____

②你的书包里有手机吗?

_____

チェックシート

1 ☑ 簡体字チェック

☐ huǒchēpiào _____

☐ fāchē _____

☐ màiwán _____

☐ zhàntái _____

2 ☑ 単語の意味チェック

☐ 一张 _____

☐ 几点 _____

☐ 卖完 _____

☐ 还是 _____

3 ☑ 文法ポイントチェック

☐ 对不起，123次特快已经卖（　　　）了。
（ごめんなさい。特急123号はもう売り切れです。）

☐ 那20点13分发车的125次特快还（　　　）？
（それでは20：13発の特急125号はまだありますか。）

役にたつことば＋9
ナイン

🔊 072

1	2	3
售票处 shòupiàochù	乘务员 chéngwùyuán	发车时间 fāchē shíjiān
4	5	6
站台票 zhàntáipiào	时刻表 shíkèbiǎo	车厢 chēxiāng
7	8	9
火车站 huǒchēzhàn	候车室 hòuchēshì	机票 jīpiào

①切符売場　②乗務員　③発車時間　④入場券　⑤時刻表　⑥車両　⑦（列車の）駅
⑧待合室　⑨航空券

🔊 073

😊😊　音声を聞いて、正しい回答を**ABC**の中から選んでみよう。

1)　我在哪儿买的火车票?

　　A 上海　　**B** 火车　　**C** 售票处

2)　火车的发车时间是：

　　A 上午十点十五分　　**B** 下午四点一刻　　**C** 下午十点二十五分

レパートリーを増やそう

1. 一张票多少钱? 074

Yì zhāng piào duōshao qián?

2. 坏了，我们坐过站了。

Huài le, wǒmen zuòguò zhàn le.

3. 这是开往广州的123次特快列车吗?

Zhè shì kāiwǎng Guǎngzhōu de yì bǎi èrshi sān cì tèkuài lièchē ma?

4. 下一趟去西安的火车几点发车?

Xià yí tàng qù Xī'ān de huǒchē jǐ diǎn fāchē?

5. 查票了。请把车票拿出来。

Chápiàole. Qǐng bǎ chēpiào ná chūlai.

①（乗車）券一枚いくらですか。②しまった。乗りすごしました。③これは広州行きの特急１２３号ですか。④西安行きの次の列車は何時ですか。⑤乗車券を拝見いたします。

B ロールプレーで次の会話を楽しんでみよう。（Bの部分を自分で完成してみよう）

A. 买两张今天下午四点半发车去北京的火车票。

B. ＿＿＿＿＿＿＿＿＿＿＿＿＿

A. 那有几点的?

B. ＿＿＿＿＿＿＿＿＿＿＿＿＿

A. 一张硬卧票多少钱?

B. ＿＿＿＿＿＿＿＿＿＿＿＿＿

ピンイン ワンポイント強化メニュー

e の発音要領

「オ」と言いながら、舌を動かさずに唇だけ横に引き、「エ」の唇で、「オ」と発音する要領で発音してみましょう。注意したいのは唇を丸めないことです。

練習してみよう

1) 要領に基づいて発音してみよう。

火车票	特快	上车	黑色
huǒchēpiào	tèkuài	shàng chē	hēisè

2) 音声を聞いて、発音されたものに○をつけてみよう　🔊 **075**

　① chē　chuō　　② hē　hā　　③ sè　sà　　④ lè　lèi

3) 音声を聞いてピンインを書き取ってみよう。　🔊 **076**

　①＿＿＿＿＿＿＿＿＿＿＿＿＿＿＿

　②＿＿＿＿＿＿＿＿＿＿＿＿＿＿＿

　③＿＿＿＿＿＿＿＿＿＿＿＿＿＿＿

4) 本文から「e」がつく音節を見つけ、上手に読んでみよう。

请求帮助（頼みごと）
Qǐngqiú bāngzhù

🔊 077

1. **请求** qǐngqiú　　頼む、願う
2. **前台** qiántái　　フロント
3. **需要** xūyào　　必要である、必要とする
4. **帮助** bāngzhù　　助ける、助け
5. **吹风机** chuīfēngjī　　ドライヤー
6. **马上** mǎshàng　　すぐ、直ちに
7. **叫** jiào　　〜せる、〜させる
8. **服务员** fúwùyuán　　従業員
9. **给** gěi　　〜に
10. **送去** sòngqu　　持っていく
11. **麻烦** máfan　　手数をかける

本文

🔊 078

服务员：您 好， 前台。 您 需要 什么 帮助？
Nín hǎo, qiántái. Nín xūyào shénme bāngzhù?

佐佐木：我 想 问 一下， 有 没 有 吹风机？
Wǒ xiǎng wèn yíxià, yǒu méi yǒu chuīfēngjī?

服务员：有， 您 住 几 号 房间？
Yǒu, nín zhù jǐ hào fángjiān?

佐佐木：316。
Sān yāo liù.

服务员：知道 了， 我 马上 叫 服务员 给 您
Zhīdao le, wǒ mǎshàng jiào fúwùyuán gěi nín
送去。
sòngqu.

佐佐木：好， 麻烦 你。
Hǎo, máfan nǐ.

服务员：不客气。 您 还有 别的 需要 吗？
Búkèqi. Nín háiyǒu biéde xūyào ma?

佐佐木：没有 了。 再见。
Méiyǒu le. Zàijiàn.

ポイント

POINT 1 使役表現 "叫"

中国語の使役表現は動詞 "叫" または "让" を使います。
"叫" と "让" の違いは、"叫" は「（命令して）〜させる」、"让" は「（したいこと）をさせてあげる」というニュアンスの違いがあります。

> 主語（命令者)+让 / 叫+被命令者（実行者)+動詞

①老师总叫我们背课文。

　　Lǎoshī zǒng jiào wǒmen bèi kèwén.

②爸爸不让我打工。

　　Bàba bú ràng wǒ dǎgōng.

POINT 2 "给" のまとめ

1) 動詞　（〜に〜を）あげる、あたえる

①给你这个。

　　Gěi nǐ zhèige.

②请给我一双筷子。

　　Qǐng gěi wǒ yì shuāng kuàizi.

2) 前置詞　"给" は動作行為の対象を表す、（〜に〜を）してあげる

①我给大家弹钢琴。

　　Wǒ gěi dàjiā tán gāngqín.

②今天你给我们做什么菜?

　　Jīntiān nǐ gěi wǒmen zuò shénme cài?

ドリル

DRILL 1

次のことばを並べ替えてみよう。

①先生は学生に宿題をやらせます。

　学生 / 写 / 老师 / 叫 / 作业

_____

②母は私にゲームをさせません。

　妈妈 / 让 / 我 / 玩儿 / 游戏 / 不

_____

③父は私にバイトをさせてくれます。

　让 / 我 / 爸爸 / 打工

_____

DRILL 2

1) 次の日本語を中国語に訳してみよう。

　①いつパソコンを買ってくれますか。

_____

　②夜、あなたにメールします。

_____

2) 中国語で答えてみよう。

　你给我什么生日礼物?

_____

チェックシート

1 ☑ 簡体字チェック

☐ wèn _____

☐ chuīfēngjī _____

☐ mǎshàng _____

☐ máfan _____

2 ☑ 単語の意味チェック

☐ 房间 _____

☐ 帮助 _____

☐ 叫 _____

☐ 不客气 _____

3 ☑ 文法ポイントチェック

☐ 我马上（　　　）服务员（　　　）您送去。
（いますぐ係の者に持って行かせます。）

役にたつことば ＋9 ナイン

🔊 079

1 送餐服务 sòngcān fúwù	2 西餐 xīcān	3 中餐 zhōngcān
4 甜点 tiándiǎn	5 开关 kāiguān	6 空调 kōngtiáo
7 微波炉 wēibōlú	8 电视机 diànshìjī	9 冰箱 bīngxiāng

①ルームサービス　②西洋料理　③中華料理　④デザート　⑤スイッチ　⑥エアコン　⑦電子レンジ
⑧テレビ　⑨冷蔵庫

 080

👀 音声を聞いて、正しい回答をABCの中から選んでみよう。

1) 佐佐木的房间里有什么?

　　A 电视和冰箱　　B 冰箱和微波炉　　C 微波炉和电视

2) 学校食堂里没有什么菜?

　　A 日本菜　　B 中国菜　　C 西洋菜

レパートリーを増やそう

1. 我想换一个房间。　　　　　　　　　　　　🔊 081
　　Wǒ xiǎng huàn yí ge fángjiān.

2. 我想要一份送餐服务。
　　Wǒ xiǎng yào yí fèn sòngcān fúwù.

3. 能给我拿一些冰块来吗?
　　Néng gěi wǒ ná yìxiē bīngkuài lai ma?

4. 能帮我叫一辆出租车吗?
　　Néng bāng wǒ jiào yí liàng chūzūchē ma?

5. 我想办理退房手续。
　　Wǒ xiǎng bànlǐ tuì fáng shǒuxù.

①部屋を変えてほしいのですが。②ルームサービスをお願いします。③氷を少し持ってきてもらえますか。④タクシーを呼んでいただけますか。⑤チェックアウトしたいのですが。

B Aの表現を参考にしながら、ロールプレーで次の会話を楽しんでみよう。
（Bの部分を自分で完成してみよう）

A. 您好。您需要什么帮助?

B. _____

A. 知道了。您住几号房间?

B. _____

A. 好的，我马上叫服务员给您送去。

B. _____

ピンイン ワンポイント強化メニュー

en / eng の区別に注目しよう

「e」は、ほかの音と組むと、音色が変わってきます。
　「en」の場合、「e」の音色は「エ」に近い音になりますが、「eng」の場合
は単母音の「e」に近い音になります。

練習してみよう

1) 要領に基づいて発音してみよう。

什么	问	吹风机	声音
shénme	wèn	chuīfēngjī	shēngyīn

2) 音声を聞いて、発音されたものに○をつけてみよう。　🔊 082

① shēng　shēn　　　　　② fēn　fēng

③ wèng　wèn　　　　　④ hěn　héng

3) 音声を聞いてピンインを書き取ってみよう。　🔊 083

①　_____　　②　_____

③　_____　　④　_____

4) 本文から「en / eng」がつく音節を見つけ、上手に読んでみよう。

第12課

丢东西 （落とし物）
Diū dōngxi

1. 书包　shūbāo　　　　　　かばん
2. 丢　diū　　　　　　　　　なくす
3. 忘　wàng　　　　　　　　忘れる
4. 里边儿　lǐbianr　　　　　中
5. 装　zhuāng　　　　　　　しまい入れる、詰め込む
6. 东西　dōngxi　　　　　　もの、しなもの
7. 钱包儿　qiánbāor　　　　財布
8. 电子辞典　diànzǐ cídiǎn　電子辞書
9. 没错　méicuò　　　　　　間違いない
10. 捡到　jiǎndào　　　　　　拾った
11. 乘务员　chéngwùyuán　　乗務員

本文

🔊 085

佐佐木：我　的　书包　丢　了。
Wǒ　de　shūbāo　diū　le.

警察：在　哪儿　丢　的？
Zài　nǎr　diū　de?

佐佐木：可能　忘在　地铁里　了。
Kěnéng　wàngzài　dìtiěli　le.

警察：里边儿　装着　什么　东西？
Lǐbianr　zhuāngzhe　shénme　dōngxi?

佐佐木：钱包儿、手机、还有　电子　辞典。
Qiánbāor、　shǒujī、　háiyǒu　diànzǐ　cídiǎn.

警察：你　看，是　不　是　这个？
Nǐ　kàn,　shì　bu　shì　zhèige?

佐佐木：对，没错。是　谁　捡到　的？
Duì,　méicuò.　Shì　shéi　jiǎndào　de?

警察：乘务员。
Chéngwùyuán.

ポイント

POINT
1 助詞 "着"

動詞のうしろに置いて、動作行為の状態が持続しているのを表します。

主語＋動詞＋"着"＋目的語

①教室的门开着。
Jiàoshì de mén kāizhe.

②她穿着红色的T恤衫。
Tā chuānzhe hóng sè de Txùshān.

③躺着看书。
Tǎngzhe kàn shū.

POINT
2 "是～的" 構文（～のだ）

"是～的" はすでに起こった事柄について、「時間、場所、方法、関与者」などを強調する時に使います。

主語＋"是"＋動詞句＋"的"

"的" は目的語の前に置くこともできます。

①这是在巴黎买的。
Zhè shì zài Bālí mǎi de.

②我是三年前来的日本。
Wǒ shì sān nián qián lái de Rìběn.

③我不是坐飞机去的。
Wǒ bú shì zuò fēijī qù de.

④你们是怎么来的?
Nǐmen shì zěnme lái de?

ドリル

次のことばを並べ替えてみよう。

①彼らは立って話をしています。

　站 / 说话 / 着 / 他们

_____

②部屋のドアがしまっています。

　关 / 着 / 的 / 房间 / 门

_____

1)　次のことばを並べ替えてみよう。

①彼らは昨日着いたのです。

　他们 / 到 / 的 / 是 / 昨天

_____

②私は旅行に来たのです。留学に来たのではありません。

　我 / 来 / 是 / 不是 / 来 / 留学 / 的 / 旅行 / 的

_____

2)　次の日本語を中国語に訳してみよう。

①わたしたちは地下鉄で行ったのです。

_____

②あなたはどのように言ったのですか。

_____

チェックシート

1 ☑ 簡体字チェック

- ☐ shūbāo　　　_____
- ☐ diū　　　　_____
- ☐ qiánbāo　　_____
- ☐ chéngwùyuán　_____

2 ☑ 単語の意味チェック

- ☐ 东西　　_____
- ☐ 哪儿　　_____
- ☐ 没错　　_____
- ☐ 里边儿　_____

3 ☑ 文法ポイントチェック

- ☐ （　　　）装着什么东西?
  （中にはどんなものが入っていますか。）

- ☐ （　　　）谁捡到（　　　）?
  （だれが拾ったのですか。）

086

1 百货大楼 bǎihuò dàlóu	**2** 眼镜 yǎnjìng	**3** 雨伞 yǔsǎn
4 手机 shǒujī	**5** 手表 shǒubiǎo	**6** 钥匙 yàoshi
7 月票 yuèpiào	**8** 牌子 páizi	**9** 钱包 qiánbāo

①デパート ②メガネ ③傘 ④携帯電話 ⑤腕時計 ⑥カギ ⑦定期券 ⑧メーカー ⑨財布

087

音声を聞いて、正しい回答をABCの中から選んでみよう。

1) 我把书包忘在哪儿了?

A 家里　　B 电车里　　C 出租车里

2) 钱包里有什么?

A 手机和钥匙　　B 钥匙和眼镜　　C 钱和信用卡

レパートリーを増やそう

「非常事態」に役立つ表現

1. 你是什么时候发现的?
Nǐ shì shénme shíhou fāxiàn de?

2. 请填一下报失单。
Qǐng tián yíxià bàoshī dān.

3. 有会说日语的人吗?
Yǒu huì shuō Rìyǔ de rén ma?

4. 现金和几张信用卡。
Xiànjīn hé jǐ zhāng xìnyòngkǎ.

5. 请问，失物招领处在哪里?
Qǐngwèn, shīwù zhāolǐng chù zài nǎli?

①いつ気がついたのですか。②紛失届に記入してください。③日本語が話せる人はいますか。④現金と何枚かのクレジットカードです。⑤すみません、遺失物取扱所はどこですか。

B ロールプレーで次の会話を楽しんでみよう。（Bの部分を自分で完成してみよう）

A. 你怎么了?

B. _____

A. 在哪儿丢的?

B. _____

A. 你是什么时候发现的?

B. _____

ピンイン ［ワンポイント強化メニュー］

「e」のバリエーション

単母音「e」は、ほかの音と組むと、音色が変わってきます。単母音以外の「e」のバリエーションを紹介しておきましょう。

① 「エ」に近い音

     ei ie üe   en

② 「ア」に近い音

    軽声の e

練習してみよう

1) 要領に基づいて発音してみよう。

哪个	可能	地铁	很好
něi ge	kěnéng	dìtiě	hěn hǎo

2) 音声を聞いて、発音されたものに○をつけてみよう。　🔊 089

 ① hē hēi ② yuè yè ③ chē chēi ④ héng hěn

3) 音声を聞いてピンインを書き取ってみよう。　🔊 090

① _____   ② _____

③ _____   ④ _____

4) 「e」のバリエーションに気をつけながら、本文を上手に読んでみよう。

役にたつことば＋9の正解

[音声を聞いて、正しい回答をABCの中から選んでみよう] ヒアリング問題文

第1課（p15）

我现在是北京大学的学生，我爸爸是公司职员，妈妈是中学老师。我今天认识了一个日本朋友,她叫佐佐木阳子。

1）我现在是：

　A 老师　B 公司职员　○C 大学生

2）我和佐佐木阳子是：

　○A 初次见面　B 好久不见　C 没关系

第2课（p23）

上个星期，佐佐木坐飞机从日本来到了北京。然后她坐机场巴士来到北京饭店。办了入住手续以后进了房间。她的房间在五楼,电梯旁边儿。

1）佐佐木怎么去的饭店?

　A 坐飞机　○B 坐机场巴士　C 坐出租

2）佐佐木的房间在哪儿?

　A 商店旁边儿　○B 电梯旁边儿

　C 洗手间旁边儿

第3课（p31）

今天我和佐佐木去东方商厦买东西。东方商厦离北京饭店很近，过一个红绿灯就是。在东方商厦，佐佐木买了一些水果和方便面。买完东西以后，我们坐地铁去了美术馆。晚上一起去吃日本菜。日本菜很好吃。

1）我和佐佐木去哪儿买东西了?

　A 北京饭店　B 红绿灯　○C 东方商厦

2）晚上我们去做什么了?

　○A 去吃饭了　B 去游乐场了

　C 去美术馆了

第4课（p39）

我想买一台电子词典，但是商店只能用现金，不能用信用卡。我只好先去银行取钱，银行就在商店旁边，很方便。

1）商店能用什么?

　A 信用卡　○B 现金　C 零钱

2）我去银行做什么?

　A 买词典　B 买书　○C 取钱

第5课（p47）

佐佐木很喜欢吃中国菜，昨天晚上我们一起去吃北京烤鸭了。她非常高兴。佐佐木还很喜欢喝酒。她喝了两杯红酒,我喝了一杯可乐。

1）我和佐佐木什么时候去吃北京烤鸭了?

　A 今天晚上　B 昨天中午

　○C 昨天晚上

2）佐佐木喝了什么?

　○A 红酒　B 啤酒　C 可乐

第6课（p55）

天越来越冷了。今天下午我陪佐佐木去买衣服。她买了一件白色的羊绒衫。羊绒衫很贵。一件要九百多块钱。

1）佐佐木买了一件什么颜色的羊绒衫?

　○A 白色的　B 黑色的　C 蓝色的

2）羊绒衫多少钱一件?

　A 六百多块　B 七百多块

　○C 九百多块

第7课（p63）

到了秋天，北京有很多好吃的蔬菜和

水果。我很喜欢吃水果，也喜欢吃蔬菜。水果我最爱吃香蕉和草莓。蔬菜我爱吃菠菜和西红柿。佐佐木说她喜欢吃水果，但是不喜欢吃蔬菜。

1）我喜欢吃什么水果？

　　A 香蕉和西红柿　○B 香蕉和草莓

　　C 菠菜和西红柿

2）佐佐木喜欢吃什么？

　　A 蔬菜　○B 水果　C 蔬菜和水果

第8课（p71）

　　我们大学在地铁站附近。大学里边有麦当劳和肯德基。对面有星巴克和哈根达斯。我很喜欢吃肯德基，所以常常在那儿吃午饭。

1）大学对面有什么？

　　A 麦当劳和肯德基

　　○B 星巴克和哈根达斯

　　C 肯德基和星巴克

2）我很喜欢吃什么？

　　A 哈根达斯　B 麦当劳　○C 肯德基

第9课（p79）

　　今天中午我和佐佐木在麦当劳吃午饭。我要了汉堡包、薯条和一杯可乐。佐佐木只要了一个苹果派和一杯咖啡。吃完饭以后我们一起去看了电影。

1）我们在哪儿吃的午饭？

　　A 肯德基　○B 麦当劳　C 咖啡厅

2）佐佐木吃了什么？

　　○A 苹果派　B 汉堡包

　　C 汉堡包和薯条

第10课（p87）

　　下星期六，我打算和爸爸、妈妈一起去上海旅行。我在火车站的售票处买了三张火车票。火车的发车时间是下午四点十五分。

1）我在哪儿买的火车票？

　　A 上海　B 火车　○C 售票处

2）火车的发车时间是：

　　A 上午十点十五分　○B 下午四点一刻

　　C 下午十点二十五分

第11课（p95）

　　佐佐木的宿舍在学校里边。她的房间里有一台电视机和一台冰箱，没有微波炉。佐佐木每天在学校食堂吃饭。食堂里有中餐和西餐，但是没有日餐。

1）佐佐木的房间里有什么？

　　○A 电视和冰箱　B 冰箱和微波炉

　　C微波炉和电视

2）学校食堂里没有什么菜？

　　○A 日本菜　B 中国菜　C 西洋菜

第12课（p103）

　　昨天我把书包忘在出租汽车里了。书包里有钱包、手机、钥匙和眼镜。钱包里有八百块钱，还有几张信用卡。

1）我把书包忘在哪儿了？

　　A 家里　B 电车里　○C 出租车里

2）钱包里有什么？

　　A 手机和钥匙　B 钥匙和眼镜

　　○C 钱和信用卡

語句索引

著　者

陳　淑梅（ちん　しゅくばい）
　　東京工科大学

張　国璐（ちょう　こくろ）
　　跡見学園女子大学

新訂二版　中国のひとり旅
　　　　入門で習ったことばでしゃべってみよう

2012. 4 . 1　初版発行
2016. 2 . 1　新訂版初版 1 刷発行
2022. 2 . 1　新訂二版初版 1 刷発行

発行者　井 田 洋 二

〒101-0062　東京都千代田区神田駿河台 3 の 7
電話　東京03（3291）1676　FAX 03（3291）1675
発行所　振替　00190-3-56669番
E-mail：edit@e-surugadai.com
URL：http://www.e-surugadai.com

株式
会社　駿河台出版社

組版・印刷・製本　フォレスト

ISBN　978-4-411-03142-6 C1087　￥2300E

中国語音節全表

声母＼韵母	1														i	ia	iao
	a	o	e	-i	er	ai	ei	ao	ou	an	en	ang	eng	ong	i	ia	iao
b	ba	bo				bai	bei	bao		ban	ben	bang	beng		bi		biao
p	pa	po				pai	pei	pao	pou	pan	pen	pang	peng		pi		piao
m	ma	mo	me			mai	mei	mao	mou	man	men	mang	meng		mi		miao
f	fa	fo					fei		fou	fan	fen	fang	feng				
d	da		de			dai	dei	dao	dou	dan		dang	deng	dong	di		diao
t	ta		te			tai		tao	tou	tan		tang	teng	tong	ti		tiao
n	na		ne			nai	nei	nao	nou	nan	nen	nang	neng	nong	ni		niao
l	la		le			lai	lei	lao	lou	lan		lang	leng	long	li	lia	liao
g	ga		ge			gai	gei	gao	gou	gan	gen	gang	geng	gong			
k	ka		ke			kai	kei	kao	kou	kan	ken	kang	keng	kong			
h	ha		he			hai	hei	hao	hou	han	hen	hang	heng	hong			
j															ji	jia	jiao
q															qi	qia	qiao
x															xi	xia	xiao
zh	zha		zhe	zhi		zhai	zhei	zhao	zhou	zhan	zhen	zhang	zheng	zhong			
ch	cha		che	chi		chai		chao	chou	chan	chen	chang	cheng	chong			
sh	sha		she	shi		shai	shei	shao	shou	shan	shen	shang	sheng				
r			re	ri				rao	rou	ran	ren	rang	reng	rong			
z	za		ze	zi		zai	zei	zao	zou	zan	zen	zang	zeng	zong			
c	ca		ce	ci		cai		cao	cou	can	cen	cang	ceng	cong			
s	sa		se	si		sai		sao	sou	san	sen	sang	seng	song			
	a	o	e		er	ai	ei	ao	ou	an	en	ang	eng		yi	ya	yao